理財先理心
24歲滾出一桶金

跟著忙碌護理師理白小姐
從零開始學投資，從斜槓到創業的致富人生

理白小姐 (梁靖悦) ── 著

目 錄

第 1 章   找自己，開創多財多資的人生

第 2 章   以終為始的逆思維

第 3 章　保持財運亨通的好習慣

第 4 章　理財先理心，滾錢五心法

目 錄

好評推薦

「不愧是理白小姐，輕輕道出理財小白們心裡困惑已久的答案，卻能在心中產生大大的漣漪。確實！大家都很想要賺錢，但賺到錢跟存下財富，是兩個意義極為不同的事情，賺到錢只意味著你的能力到位，存下財富才代表點上了有錢人的技能點。曾經我也是月入三四十萬，卻沒存下多少錢，常常產生金錢焦慮，到明確知道怎麼透過理財，達到人生想要的財務門檻，拜讀完理白書中的內容，真的有很深刻的共鳴。如果你到目前都還沒達到人生的財務目標，極度推薦一定要看完這本書，裡面記載的是一個讓財富從無到有的方法，更是一個小女孩如何透過努力突破成長的故事！」

—— Ethan・斜槓外星人

「還記得當初認識理白小姐時，她只是個大學剛畢業的社會新鮮人，當時她說要快樂地賺錢，幫助身邊的人退而不休，並且活出天賦的樣子，如今看見她成功實踐自己的夢想，

身為理白小姐的理財之母，著實為她感到開心與驕傲！理白小姐＝理財小白小姐，她也曾經是位對理財一知半解的小女孩，而因為明白了『理財前先整理自己的心念』這個道理，而逐步活出自己輕易豐盛的人生。她的故事證明，每個人都有能力找到自己的理想生活，並實現夢想。人人都可以透過理財來打造快樂的人生，如果你也正在學理財的路上，這本書你絕對不能錯過！」

——Jamie・輕易豐盛學苑創辦人

「在這個自媒體盛行的世代，短影片上人人都開保時捷、月入百萬，導致每個人對於賺錢感到焦慮，這本書一步一步揭祕，小資族如何賺到第一桶金的成功方程式，再也不為錢感到煩惱。」

——史義強・三分鐘派知識財怪

「理白小姐的《理財先理心，24 歲滾出一桶金》是我2024 年最期待的一本書，一打開就讓我欲罷不能。身為人生整理師在幫助客戶及學員時，發現到最後都是在整理我們的內心，為什麼人們對於物品會有執著？為什麼面對金錢產生恐懼跟擔憂？最終都需要回歸到內心，當一個人內在狀態好

的時候，自然能擁有外在豐盛。讓我們一起整理內心跟財務狀況吧！」

——巧玉・極簡姐姐

「平凡人如何過上富裕人生？很多人急著追求冰山上的財富，卻忘了先認識冰山下的那顆心。偏偏宇宙運作的法則是：理財之前必須先理心，你要的東西，通常都在相反的方向……這本書不只教你認識內在的『天賦』與『能量』，也告訴你如何顯化出「外在世界」的財富，讓你冰山上下都更加豐盛！」

——喬王・喬王的投資理財筆記創辦人

「當我看完這本書最大的震撼，就是非常落地帶著大家知道如何投資理財，我也看過不少書跟花百萬上過很多課程，也懵懵懂懂地花了十幾年完成財富自由，但是我看完理白小姐的書讓我感覺她是真的把這些課程教的東西落實在生活上的人，假如大家也跟我一樣想要財富，但不知道如何有效實踐，這本書很值得推薦一定要看完，並且照著做，我相信你也可以財富自由。」

——劉定洋・心想事成商學院創辦人

前言
忙碌護理師畢業不到 3 年，存到 100 萬元

如果你剛畢業，即將邁入社會成為新鮮人，這本書或許可以快速讓你變成理財小資；如果你自認為是理財小白，這本書可能也會幫你找到如何成為理財小資的答案；如果你毫無頭緒不知道未來該怎麼走，書中會提供立刻可以執行的理財心法和工具。

我並非少年股神，也不是優秀的企業家，只是一名普通的護理師。在畢業不到三年後的 24 歲，我是如何成功存下人生的第一桶金 100 萬元呢？

有人或許會以為我是透過節儉吝嗇、追求小利、埋頭苦幹來累積財富，才能在三年內存下 100 萬元。但事實上，我也是經過了不斷學習和修正，找到了自身的潛力和方法，再努力實踐後得到一些成果。

我希望透過這本書的分享，能夠幫助更多跟我一樣的年輕

人，實現他們的財務目標，一同走向脫貧人生。

有錢，才有自由和選擇權

2021 年 5 月中，新冠肺炎（Covid-19）疫情爆發，只要一打開電視，每一家新聞台都在報導每日的確診人數，全台充滿緊張的氛圍，醫院更是戰戰兢兢，媽媽看到新聞對我說：「妳看，就叫妳先不要辭掉護理這份工作吧！」

但我反過來跟媽媽說：「妳要慶幸我已經先做好準備，離開高風險的環境，如果這時我還在醫院，妳不是會提心吊膽嗎？」

媽媽聽完啞口無言，眼神透露出：說的也是！

當然，這只是生活中的日常玩笑話。少了每個月的「穩定收入」，媽媽難免擔心我無法養活自己，甚至也不了解我透過自媒體創業是在創什麼業，真有辦法能待在家不出去工作嗎？每個月到底是如何有收入進來的？……這些問題，連身旁年紀相仿的朋友、同事都不太清楚，更何況是大我四五十歲的父母？

我父親在 47 歲時生下我，我母親當時也已經是 38 歲的高危險妊娠產婦，他們相差 9 歲，我是長女，護理二技畢業時 22 歲，那時父親 70 歲，母親 61 歲，已經到了退休年齡。

由於是家中的長女，我早早就意識到自己應該承擔經濟責任，並盡到孝順的義務。父母都屬於藍領階層，父親是按摩師傅，母親在工廠當生產線作業員，經常要打包很重的鋼筋，手掌布滿厚厚的繭。

考量到住校的開銷，我決定到飲料店打工，賺取時薪 90 元的工資，有了打工收入，再加上父母給的零用金，一個月的生活費至少有 6,000 元以上，當時還是學生的我，這份收入足夠維持生計的基本需求，讓我過得不至於手頭緊繃。然而，我從來不虧待自己，沒錢時會積極尋找賺錢機會，努力讓自己享受寬裕舒適的生活。

或許是受到父母辛勞賺錢的影響，我從小看到他們辛苦勞動的模樣，了解體力勞動容易被技術取代，沒有穩定的保障，薪水有限又可能傷害健康。因此，暗自期許自己將來能夠用腦力賺錢，深深體會「有錢，才能有自由」、「有錢，才能有選擇權」！

家境讓我急著想賺錢

快要畢業那一年，一股危機感突然湧現，我意識到即將踏入社會！學校提出了兩個不同的實習計畫：一個是以「提早就業」為主的臨床組，另一個是讓我「持續探索自己喜歡的領域」的興趣組。

如果是你，會怎麼選擇呢？

我別無選擇。我急著賺錢、存錢，讓 70 歲的父親不再辛苦勞累，61 歲的母親早點擺脫打包鋼筋的辛勞。我還有個小一歲的妹妹，她需要繼續念書，如果我能賺錢，就可以多幫家裡一些。

其實，父親很會存錢，母親也會精打細算，但父親太相信朋友了，曾經被朋友騙，最後只好收掉經營許久的瓦斯行；母親雖然刻苦耐勞、勤儉持家，卻很喜歡買保險，母親買的保險幾乎壓垮了家裡既有的生活品質。有時，我的內心會吶喊：「為什麼有繳不完的保險費？」

我 22 歲進入職場，提早半年就業，成了家中的主要經濟支柱。那時，我在台北某大型集團旗下的醫院工作，身為醫學

中心的護理師，月薪是過去打工的 3、4 倍，每月可以管理的錢，瞬間比學生時期多很多。

我為初出社會即能獨立自主感到開心，光想到未來有機會賺錢，提供父母更寬裕的退休生活，這樣的想法讓我無比興奮！

美好想像的生命曲線，卻一一破滅

但是大約這樣持續一年後，我開始意識到：這樣下去，沒有未來！

原本扣除生活費和孝親費後，一個月還能存下至少 2 萬元。一開始我花錢很節制，因此錢存得很快，每個月都很有餘裕，每個月都能輕鬆應對，但漸漸發現生活開銷逐漸增加。「欲望」就像泡水膨脹後的怪獸，或許是因為我從學生變成上班族，「想買的購物清單」越來越多，像是專櫃的保養品、化妝品、衣服、鞋子、護膚打雷射、吃飯看電影……被欲望沖昏頭的我，花錢速度，越來越趕不上存錢與賺錢的速度。原本每個月還可以存下 2 萬元，後來變成存 1 萬元，再來越來越少。

此外，醫院經常贈送百貨禮券給護理人員，當遇到百貨公司週年慶時，我容易沉溺於購物消費，刷卡及超支成為習慣！

當時，我已經有穩定的男友（現在的老公），我們 18 歲就認識彼此，出社會後，我在台北工作，他在彰化工作，一直保持遠距離戀愛，交往很穩定也有結婚的打算。然而，我們兩人對婚後生活一直沒有達成共識。

原本我規劃在 25 歲結婚、26 歲生小孩，之後早點達到財富自由，全家一起環遊世界，但看著我的存摺，美好的想像一一破滅！我還記得 20 歲時，老師請我們畫一張「生命曲線圖」（見圖表 0-1），我們要寫下從出生到死亡人生中的重大事件，當時我對未來的想像是做好穩定的護理工作，好好存錢，存下來的錢都是結婚、生子、買車、買房、環遊世界的基礎。

出生　　唸書　　護理工作　　結婚　　生子　　環遊世界　　死亡

圖表 0-1　生命曲線圖

回頭一看，再一如既往走下去，根本不可能完成！

那時，我在台北的工作非常穩定，一旦結婚，可能就要犧

牲現有的生活狀態，嫁到彰化不會讓我的生活變得更好。我也想過要轉到彰化的醫院，但這只是換湯不換藥，我依舊得做護理工作，薪水也不見得會更多。換個角度思考，如果讓男友北上找工作呢？這個想法也不太實際，因為租房成本高昂，得花掉大半薪水，風險太高、CP 值太低。後來男友建議：「不如我們當假日夫妻好了！」我不禁懷疑，這樣的婚姻有意義嗎？

結婚不僅需要一筆錢，還需要和另一半有共識。該怎麼辦？我還有其他選擇嗎？

不靠投資技術，發現天賦讓自己致富

大約也就是從那時起，我開始往後思考，不斷沉澱、摸索，立下 3 年存到第一桶金 100 萬元的目標。值得慶幸的是，我僅僅用了 2 年的時間，就達成第一個 100 萬元的目標了。

我是怎麼辦到的？

其實，剛開始我也像無頭蒼蠅一樣到處亂撞！只知道「房地產」和「股票」這兩種增加收入的工具，但對於社會新鮮人來說，房地產門檻過高，於是我轉而股票投資錢滾錢，從

YouTube 找投資影片來看，也研究各種方法：基本面、技術面、籌碼分析、看 K 線圖、看成交量、看均線、看買進點輔助分析……結果上班時滿腦子都是股票，搞得自己神經兮兮，擔心價格漲跌歸損，經常患得患失，我確定，技術線型的投資路線實在不適合自己！

即使我很努力學習股票投資，但對技術分析仍一知半解，之後我開始聽信明牌、道聽塗說、人買亦買，一度成為股市裡的韭菜，有不少股票被套牢的經驗。

有一天，我無意間看到一位網紅專訪一位老師。這位老師提到每個人都有自己的天賦，她說她自己不懂買股票、不懂房地產，也不會網路，卻有至少 13 種以上的主動、被動收入。頓時，我眼睛一亮，心生佩服，充滿好奇的去參加老師所舉辦的講座。當下就付錢上課，後來還拜師成為老師的入門子弟。

老師的課程內容是什麼？不是投資技術，而是幫自己找到天賦！

我從課程中學到，如果弄錯方向，一味學自己不擅長的事，最後或許能勉強得到一些成果，但這成果頂多是做到「普通」的程度，沒有辦法到達「厲害」的境界。但如果能對準自

己與生俱來的天賦，放大優勢發展，效果卻是加倍，結果可以把自己變成「卓越」！這天壤地別的差距，就是成功的關鍵！

過去，我隨心所欲，缺乏細緻的邏輯思考和整體計畫。舉例來說，我想要投資股票，但我天生對數字不夠敏感、看不懂報表，對投資線型技術也不熟練，當我盲目跟風買進憑感覺的股票，聽信小道消息時，投入的資金很快就蒸發了！認識自己的天賦以後，我的投資路線發生改變，不再做短線交易，只做擇優長期存股。我也了解自己的天賦屬於「明星型」，於是下決心經營自己個人品牌，在短短一年的時間內，累積破萬的粉絲數，也摸索出屬於自己的商業模式！

順著自己的優勢規劃發展，梳理清楚每一個行動的動機、目標、方向、結果。現在的我，除了有投資的收入、自媒體收入，還有一對一顧問服務的收入，以及受邀演講、聯盟行銷、合作代言收入……。在寫了 3 年的部落格及 IG 圖文創作後，我也開始注重短影片的製作，因為部落格與短影片的結合與互動，讓我再度獲得廠商合作年度合約，光是 2023 年從 1 月到 8 月，整體總收入就超過 200 萬元。

後來我發現，如果要財務自主，不是要學很多投資招數和

技術，而是要先「理心」，理解自己的優勢、弱項和欲望，才能靠自己的天賦開源，甚至加速投資理財的效率。

放棄護理鐵飯碗

我相信很多人跟我以前一樣，不認識自己。

其實在讀書時，我時常疑惑：我究竟是不是真的喜歡護理？雖然我可以繼續念下去，但似乎缺乏熱情。當時我想或許等到實際進入臨床工作後，就能更清楚一些吧！然而，當我開始工作後發現：我實在沒有期待上班的心情！

坦白說，護理人員的生活圈可以說相當封閉。大多數護理師會在臨床工作幾年後結婚，如果嫁得不錯就會選擇不再工作，若婚後需要經濟支援，便會繼續當護理師。護理專業市場需求巨大，尤其隨著人口老化，長期照護市場需求更是激增，護理人員的工作幾乎可以與「鐵飯碗」般的公職媲美。也許是出於家庭背景的影響，自小父母便教導我要努力學習、考上好學校，取得優異成績，才能找到一份穩定的好工作。他們總是擔心生活不穩定！

當時的我根本不清楚自己還有其他選擇。我只能觀察一些學姊，了解她們如何看待自己的職涯規劃。我想，如果未來的樣子是我所嚮往的，那就繼續堅持下去；但如果不是，那是不是現在就應該開始積極規劃轉行的可能？

我默默觀察一位學姊，她已經結婚並有兩個可愛的寶寶。一年 365 天，她一半的時間都在上大夜班。大夜班的時間從晚上 12：00 持續到早上 7：00，幾乎不見天日。我很好奇地問她：「妳為什麼喜歡上大夜班？」她回說：「薪水高，白天能陪伴孩子，我覺得非常滿足。」

起初，我也考慮值大夜班來增加收入，天真地想著：如果每月平均收入 5 萬元，兩年後就能賺到 120 萬元，扣除開銷後，只要三年就能存下 100 萬元。但很快我發現，這不是我所追求的生活！大夜班讓我無法接觸陽光，也無法接觸到人群，都在半夜活動，容易讓自己感到沮喪，情緒也不時莫名低落。因此，後來我一年只排一次大夜班。

經過七年的護校學習，再加上三年的臨床護理工作，綜合來看已經是十年，十年一夢幡然醒悟，我果斷離開了護理這份穩定的工作！事實上，醫療專業人員通常不會脫離醫療領域，

頂多轉換工作地點。當我的同學和學長姐得知我決定離開護理圈，許多人感到驚訝，有人說：「好厲害！怎麼做到的？」甚至有醫護學長姊向我請教如何經營自媒體。

過上「想做就做、說有就有」的自在人生

我的老師有許多學生，其中有年薪千萬的企業主、收入極高的百萬網紅，他們都是在深度認識自己之後，人生發生極大的轉變！我很慶幸能跟老師結緣，近距離貼身學習，讓自己深入明白、認識自己，掌握自我天賦後，積極深度挖掘，開始經營 Email 行銷、規劃課程、聯盟行銷、打造個人品牌、投資美股 ETF……終於，我也能獨當一面！

過去，我常認為創業風險極大、投資股票風險高，而許多事情都充滿風險。因此，最保守的選擇就是做一份老實的工作，然後結婚生子，過著平淡的生活。自幼父母就灌輸給我穩定工作比較穩定的價值觀，勸誡我不要輕率脫離主流，這種觀念也深植於許多人心中。

但是，當我開始在下班後學習投資理財、經營個人品牌及

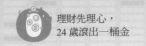
網路創業，開始為自己的未來做進一步的思考時，我才發現大家口中所說消極的「穩定」，其實是一種積極的「逃避」。逃避面對夢想、逃避面對思考、逃避面對未來！

很多看似穩定的工作，其實都只是暫時的。新冠疫情發生時，就有很多所謂的穩定工作被影響，有多少人因為無法工作而頓時沒了收入，更慘的是現在很多人的存款只有幾個月，在經濟蕭條的情況下，公司難免大裁員，就算想在喜歡的工作崗位待一輩子，公司還不一定會繼續聘用。

或許很多人還是冀望軍公教這些鐵飯碗，但少子化使教師職缺越來越少，而軍公教夢寐以求的終身俸也被政府縮減，你認為該準備多少退休金才夠用呢？

在網路蓬勃發展的時代，我們擁有好多資源，何必倚賴政府？我們有能力把經濟主控權拿回來呀！

我希望你和我一樣，過著一種「想做就做、說有就有」的自在人生。在這本書中，我會分享自己融會貫通的方法，讓你也可以親自體驗和執行，甚至帶給你豐富的人生！

第 1 章

找自己，
開創多財多資的人生

你不需要很厲害才能開始，
你要開始才能很厲害。

01 看輕自己的人，絕對不可以是自己

15 歲考完基測後，我大聲跟爸爸說：「我要念設計！」

從小爸爸都很支持我的任何決定，我以為他會一如往常地說：「好啊！想念就去念。」殊不知，這次爸爸給了我不同建議，他說：「念設計很花錢，出社會工作也很難找，薪水也不穩定，還是你去念護理，雖然累了點，但至少出來就有穩定的工作。」

小時候的我喜歡天馬行空想像，我喜歡畫畫，隨手就能畫出 Q 版卡通，但我當時不知道自己是模仿來的還是自創的，有時會覺得萬一哪天沒有了靈感，怎麼辦？我不確定自己是

否可以畫一輩子，我只知道向來自己就是個 3 分鐘熱度的人，所以也會質疑：畫畫對我來說，究竟是一種天賦，還是一時興趣？那時一直都不是很清楚。

總之，最後是爸爸的一席話，改變了我想學設計的念頭。當時有護科、商科、設計可以選，正當我拿不定主意，父親表示希望我讀護理，加上家族裡有親戚也走護理這條路，她建議我先念護理，將來如果想走設計還是可以轉換跑道。為了減輕父母負擔，我選擇了護理這條路。但我的閨密忠於喜歡的繪畫，念了美術系，現在她已成為一名設計師。我們兩人最初都喜歡畫畫，卻各自走上了不一樣的道路。

其實，我心裡是認同爸爸的，心想：如果我真的很喜歡畫畫，那以後也能用護理這份穩定工作的薪資，去支持熱愛繪畫的夢想啊！畢竟，先有溫飽，才能圓夢呀！說實話，護理也的確是個好職業，一進去醫院就會先給一筆錢，由於擔心專業醫護人員流失，醫院會先簽下一年或兩年合約，大多數人都會接受這樣的安排，等合約期限到了，醫院又會給一筆錢，大多數人還是會選擇繼續簽約，就這樣不知不覺一直簽下去。一來，捨不得跳脫這個穩定供薪的優惠；二來，實在也不知道離開護理專業後，還能做什麼？

　　我的父母非常晚婚，他們相差 9 歲，媽媽年近 40 歲才生
下我，隔年再生下妹妹，我們一家四口住在天氣炎熱、充滿人
情味的高雄鄉下，每逢過節親戚群聚一堂，絕對少不了成績的
關切，也很常聽到姑姑們閒話家常：誰考上公務員？生活、薪
資如何穩定？以後可以領多少退休金？……親友們還不時會
叮囑我和妹妹：「妳們倆要好好念書，考公立的學校，爸媽年
紀比較大，要趕快讓他們享清福……」在這樣的家庭背景下，
我深信：只有穩定的工作、固定的薪資，才是最重要的。

　　很快地，經歷 7 年的學習，我正式踏入白色巨塔，成為一
位可以助人的白衣天使。我內心迫不急待度過試用期，為自己
能開始工作賺錢、獨當一面幫助病人感到驕傲！我甚至默默期
待可以輪夜班的那一天，因為上夜班會有夜班費。我希望加快
存錢速度，完成生命曲線圖上的所有夢想，包括：結婚、生子、
買車買房、環遊世界。

　　但是，畫在生命曲線圖中的泡泡是美好的，買車、買房、
結婚、生子……卻會大幅下降我的存款速度。我工作一年後發
現，就算工作到退休，我也不一定能夠安心，更別想要環遊世
界！不只是我的薪水都會在買車、買房、結婚、生子中逐漸消
耗殆盡，甚至退休金在沒工作收入之後還會不夠……我內心上

演了一齣小劇場：收入少、沒儲蓄，只能依賴養老金勉強度日的一家人，甚至一度懷疑自己有可能成為傳說中的下流老人？又老又窮又孤獨？

下流老人是指高齡者過貧窮生活，其中有許多潛在性問題，並沒有貶義，只是一種現象的描述。

下流老人總括有以下幾種特徵：

- 收入低：沒有足夠的存款。
- 失婚者：伴侶早歿或離婚者。
- 非正職者增多：經濟成長停滯、青年就業情況不佳。
- 家有啃老族：兒女連自己都養不起，遑論奉養父母。
- 少子化：醫療與照護成本提高，沒有依賴的人。

其實，台灣大多數的上班族，都被壟罩在「下流老人」的暴風圈內，2025 年台灣即將邁入超高齡社會，那時候每 10 個人中就有 2 個是 65 歲以上的老人，就算年輕時月薪 5 萬元，都有可能變成又窮又孤獨的下流老人……

我的腦中警鈴突然大響，「現在的護理工作真是鐵飯碗嗎？」我當時上白天班的月薪只有 4 萬元左右，加上年終，平

均年薪約 55 萬元。如果繼續這樣一直工作到 30 歲，可以賺到 385 萬元。這代表 30 歲，我可以做的選擇就在 385 萬元內，如果再扣掉每年的生活開銷，而且想要在 30 歲前就結婚生子，那剩下來能夠存下的錢，簡直少之又少⋯⋯

那時，有位學姊一年 365 天有一半的時間都選擇上大夜班，因為這樣她每個月都多 2 萬元的收入，也就是說一個月有 6 萬元的進帳，就算我跟她一樣半年都上大夜班，到 30 歲頂多可以多賺 84 萬元，用 84 萬元換來體弱多病的身體、黯淡的氣色，值得嗎？

我開始意識到，過去以為每個月有穩定的薪資進帳、不會被裁員、可以安穩過一生的護理鐵飯碗，沒想到，最後帶給自己的結果，也只是「在有限的財富中，做出有限的選擇」！那天，爸爸因為氣胸緊急住院，氣胸這個疾病不是大好就是大壞，我焦急萬分，十分擔心他的情形，我想請假，但是護理工作人力吃緊，臨時請假會造成同事、主管的麻煩，我只能隱忍，走一步看一步。幸好爸爸後來脫離險境，順利度過了難關，那時我發現，護理這份工作，即便是緊急情況，都沒辦法讓我有太多的選擇權。

但是，我能跳脫這個白色巨塔嗎？

我不希望家人需要我時，想請假卻困難重重，更不希望自己過著已經能知道結局的輪班人生，以及一眼就能看得清清楚楚的有限財富！當時，我已經十分明白，自己雖然不排斥護理這份工作，但絕對不會是我一輩子的歸屬，我得再多想點辦法！

然而，除了護理專業，我還能做什麼來增加收入呢？

你不理財，財不理你，我開始「投資理財」。想要理財，第一步得「有財可理」，我於是有意識地開始存錢。對當時還很年輕的我來說，物質欲望出現的時候，常常吶喊：「天啊！該怎麼辦？我不行了、我做不到、我好想要、我好想買……」

這時，我就跳出那個欲望橫流的自己，冷靜審度一番，在內心自我對話：「你輸了，你沒有存錢的能力！」於是，有一個堅強堅定的心志跑出來：為什麼你要那麼容易看輕自己？

大多時候，我們不是沒有存錢的能力，我們只是輸給了那個有欲望的自己。所以，千萬不要看輕自己，看輕自己的人，絕對不可以是自己。

02 想像很飽滿，現實很骨感

我相信，很多人都和當時的我一樣，存不了什麼錢。工作一陣子，會發現理想與現實越差越大。理想中，我得存款金額應該一路上揚（見圖表 1-1）；現實中，我的存款卻是忽高忽低（見圖表 1-2）。

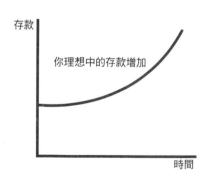

圖表 1-1　理想中的存款狀況

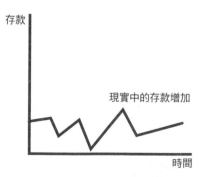

圖表 1-2　現實中的存款狀況

大家都說，人生有三件事不能等：

- 「**夢想不能等**」：如果你的夢想是環遊世界，65 歲環遊世界和 30 歲環遊世界的感覺鐵定不一樣，別讓時間沖淡你追夢的勇氣。
- 「**貧窮不能等**」：因為我們在同個財富水位久了，就會像溫水煮青蛙一樣，窮久了，就習慣了；時間愈久，愈難突破，最後，可能就碌碌無為過一輩子。
- 「**家人不能等**」：或許我們還年輕，還有時間可以探索、打拚，但家人還有多少時間呢？最怕就是，樹欲靜而風不止，子欲養而親不待。

北漂工作的我，每每想到父母，總是虧欠沒有陪伴在他們身邊！我只能在有限的時間回家，每個月回家兩天，一年算下來也才 24 天，如果長達 10 年我都是在護理的輪班工作中生存，那 10 年可以回家的天數也才 240 天，總括相處時間還不到一年！父親在我專科畢業時就已經七十幾歲了，台灣人的平均壽命約 80 歲，光用想的就讓人覺得可怕！

因為父母晚婚，老來得女，我勢必要比同儕更努力，加速自己的經濟能力，才能追上爸媽的老化速度。

讓我受益良多的兩本理財書

決定了理財投資的方向，下班後我便開始花大量的時間學習。對社會新鮮人來說，到圖書館借書、買書是低成本的學習方法，學生時期的我並沒有特別愛看書，但出社會後，卻發現閱讀是最棒的自我投資，讀到一本好書會讓我一整天的心情都很愉悅。在這裡我想分享讓我受益的兩本書：

《富爸爸，窮爸爸》

《富爸爸，窮爸爸》（*Rich Dad, Poor Dad*）這本書讓我了解到自己的「財經地位」。這是一本經典的理財書，尤其讓我明白什麼是「資產負債」和「ESBI 四象限」理論（見圖表1-3）。你可以檢視一下自己是屬於何種狀況：

E 象限（Employee，有限的財富）

大部分人都是從 E 象限開始的，而一般上班族、輪班族，只要是受薪階段都是在這個象限。

S 象限（Self-Employed，只能喘息，不能休息）

SOHO 族、業務、自由工作者就是在 S 象限，S 象限的人

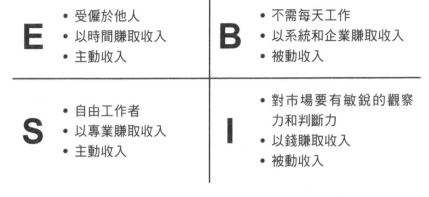

圖表 1-3　EBSI 財富四象限

會透過時間和專業來工作，如果有在正確的方向上努力，收入可以和努力成正比，但時間有可能被客戶綁架。E 和 S 象限都是主動收入，和 E 象限最大的不同之處在於 E 象限領的是固定薪水（死薪水）。

B 象限（Business Owner，財富自由、時間自由）

　　加盟主、創業家和企業老闆就在 B 象限，B 象限的人擁有自己的事業體或是賺錢系統，也有自己的員工，這時自己就能選擇要把工作交派下去，抑或是獨立完成，會有更大的空間及選擇權。

I 象限（Investor，讓錢發揮最大效能）

股票和房地產等工具的投資、投資企業的天使投資人都在 I 象限，I 象限不需要有自己的事業或系統，就能讓錢為自己工作，進而帶來更多的財富。

當我知道自己所在的位置後，我終於看清楚自己要努力的方向了！當時的我在 E 象限，所以我下定決心要往 S 象限努力，因為 S 象限可以拿回更多生活的主導權；同時也學習 I 象限的投資能力，我知道自己勢必要「雙管齊下」，這樣進步的速度才會快！

《有錢人想的和你不一樣》

要有錢，先換個富腦袋。一樣都是人，有錢人與一般人最大的差別，是腦袋裡想法的差異。《有錢人想的和你不一樣》（*Secrets of the Millionaire Mind*）這本經典理財書讓我意識到，一個人如果缺乏正確的財務觀念，即使得到再多錢，也沒有把錢留下的能力。然而，只要擁有一顆有錢人的腦袋，成為有錢人只是時間早晚的問題。

這本書讓我第一次面對自己在金錢上的「內在的問題」，

我開始逐一調整自己的金錢信念，發現很多的用錢的習慣、觀念和信念，都是來自於我的原生家庭，這些習慣已經跟著我二十多年，無法在閱讀後馬上調整，只能從生活中一步步實踐。

一點一點去改進自己的用錢習慣，真的很重要。最近網路上傳的現代年輕人的壞習慣，你中了幾招？「對銀行轉帳手續費無感」、「嫌通勤麻煩就叫計程車」、「不自備雨具，下雨就買傘」、「支出明細不會再次確認」、「愛用信用卡的分期付款」、「對買 1 送 1 沒有抵抗力」、「渴了就買手搖飲」……這些生活習慣只會讓人越來越窮。

03 窮忙焦慮，萌生理財意識

就在我看盡了護理一生的財富價值之後，在窮忙焦慮之時，萌生了理財的意識。

於是，我開始打造自己的財富信念藍圖。如何打造自己的財富信念？首先必須相信自己：你想要的事都會成真！

我深入去看自己的內心，去理解自己的「信念」。什麼是我深信不疑的「信念」？這些「信念」又來自哪裡？

舉個例子，ABC 英文很好，如果你有一個 ABC 朋友，她每次開口說英文的時候，一定比土生土長沒出過國的台灣人充

滿自信，ABC 所發出的口音就是道地的英文口音，這是所有人都深信不疑的，以至於 ABC 一開口，別人就能感受到 ABC 的英語自信。反觀土生土長的台灣人，因為從小缺乏英語環境，即便英文考試都是滿分，一開口還是支支吾吾，自然就給別人一種不自信、非母語的英語人士，也絕對不會有自己英文很流暢的自信與信念！

每個人腦子裡都有許多想法和念頭，但那些念頭不一定是「信念」，念頭很容易因環境或其他因素而消失，但是「信念」就不一樣了，「信念」是一種像樹根一樣根深柢固、盤根錯節種在心底的想法。

怎麼分辨自己的想法是念頭，還是信念呢？可以從日常的言行去判斷。假設你說：「我英文超好的」，但是講英文時還是結結巴巴、音量偏小，從這樣的表現就能感受到背後「對於開口說英文這件事，似乎還是沒有什麼把握」，英文程度對你而言，其實頂多只是一個「還不錯」的念頭，而非如同自己所以為有到「很好」的信念。

信念是「深信不疑」且「非常有把握」的想法，信念影響選擇，選擇會決定結果，因此了解自己的信念就顯得非常

重要！

有人問我：「你怎麼存得到錢？」追根究柢，就是來自我的「財富信念」。我不是那種口是心非、虛偽行事的人，我想要有錢，就得有計畫、有目標的實現。當我意識到大環境已經改變，因為疫情，護理工作已不再對自己有利，我覺察到自己不能抱持著這份工作託付未來，信念必須要改變，因此就開始對自己的信念進行修正，換上新的信念。

一開始我還不太習慣新信念，但我每天看、每天念、每天想，並且一步步付諸行動。在下班後，我投資自己學習護理以外的知識和技能，並且打造個人品牌「理白小姐」，開始斜槓，成為斜槓護理師，因為付諸行動，讓我徹底換上了新信念，我的新信念就是：「**打造多元收入，才是真正的鐵飯碗！**」

從舊信念換到新信念並不容易，但是再遠大的理想，也是一步步走出來的，如果現在還抱持著：與其「苦了自己」辛苦存錢，還不如「躺平生活」享受當下，那這一輩子很難致富！

將信念付諸行動可以強化對「財富信念」的堅定信心。當我堅信自己能成為有錢人時，會親自前往高級餐廳，享受富人的品味，身臨其中，進一步鞏固對自身就是有錢人的信念。這

是我親身經歷的過程，也是我開始覺醒理財意識的啟蒙。每個人都應首先察覺並認知自己的信念，這是邁向成功的第一步。

有了信念，就會奮不顧身地追求，就能忍受一切艱苦，適應一切環境。存錢這種事看似簡單，其實一點也不簡單。就像水庫要積蓄足夠的水，得等雨天日積月累，但是水庫要洩洪可是一瞬間。如果草草率率、輕鬆隨便，收入進來、揮之即去，很容易花錢如流水，存不了錢。**但是有足夠的信念，就能創造奇蹟，信念是一種相信，我相信自己能存錢，就一定會有勇氣讓存錢這件事不斷發生。所以，改變信念，就能改變命運！**

如果你現在還沒有「財富金錢」的信念，趕緊調整修正。富人相信：「我創造自己的有錢生活！」；窮人則認為：「命中注定一直窮下去⋯⋯」其實，富人是「承諾」讓自己有錢；窮人只「想著」要變有錢。當你發現自己又在自怨自艾、責備、合理化自己的花錢行為，趕快用手劃過自己的頸部，提醒自己：「現在正在割掉財富之喉！」每一天結束的時候，寫下一件自己認為花錯錢的事，回答自己：「當初是如何讓這件事情發生的？」

把薪水分成三等分

如何存錢？我建議可以把薪水分成三等分：

- **生活開銷**
- **儲蓄預備金**
- **理財投資**

生活開銷是日常要花用的，包括：水電、租金、學習費、孝親費等；儲蓄預備金是預留緊急事件，基本上不會動用到，除非萬不得已，一旦足額後就投資。理財投資必須即刻開始，現在很多小額投資，每個月只要投入幾千元就可以存好股。日積月累下來，就會有很可觀的成績。

「生活開銷」是固定消費，只有後面兩種是存錢。

「儲蓄預備金」存錢的方式，建議可以先實踐「階梯式存錢法」：把 10 萬元分三等分：3 萬元、3 萬元、4 萬元。

這樣的話，每年都會有一筆定存到期，可以源源不絕的領定存利息，萬一臨時有緊急事件也可應變不時之需，怎麼說呢？因為我們每次發生的緊急事件不一定會花到 10 萬元，如

果只有 3 萬元，那就只要解一份定存花用，另外兩份定存還能持續利滾利。

　　雖然「理財投資」越早開始越好，但投資工具琳瑯滿目，每一種投資工具和方法都有人從中獲利，但是適合別人的不一定適合自己，最好找到適合自己的投資工具和方法，否則反而容易虧損。以我自己為例，前言提到，在學習投資理財的過程中，我學過技術線圖，但身為忙碌的護理師，其實沒有時間盯盤，於是我選擇美股當作我的主要投資工具，後來打造穩定的被動收入。在第 5 章，我也會分享為什麼選擇美股和基本知識。

04

用更大的欲望
控制小欲望

　　下決心存錢後，我就在短短不到三年存到 100 萬元，這絕不是單純用意志力可以完成的。主要還是靠「自律」。意志力不是長久之計，因為意志力總有消耗殆盡的一天，你是否有這樣的經驗：想減重強制節食，卻天天都想吃甜食，意志力常常會讓人「失控」！

　　為什麼一味要提高意志力、自制力，反而最後容易失控呢？背後的原因是什麼？

　　「意志力」的對岸就是「抗拒誘惑」，面對誘惑的時候，我們的內心會出現兩種拉扯：一種是「我要去做」，另一種是

「我不去做」。

這時候,應該要加入第三種力量:「我內心真正的渴望是什麼?」

也就是說,我們應該要:**用更大的欲望去控制我們小的欲望**(見圖表 1-4)。

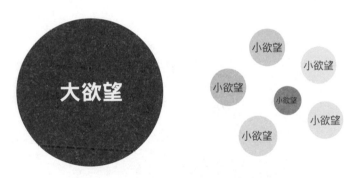

圖表 1-4　用強大的欲望面對各種小欲望

當我還是護理師時,每兩個月只能回家一次,偶然接觸到「自由工作」的模式,每天都在幻想在家工作、陪伴家人、生活自由的樣子,所以當時產生了很強大的欲望和動機,讓我開始堅持寫部落格,我希望全職護理工作之餘,也有一個部落格作家的身分,可以讓自己彈性運用時間、自由工作。即便我當時並不知道寫部落格怎麼賺錢,但我就是開始了,而且很自律

的定期發布文章，因為我內心有很強大的欲望，驅使我去執行這件事。

我們每個人身上都有弱點：會上癮、易分心、好拖延、不想面對……這些弱點是人性的共通處，是人性的一部分。如果不是那股強大的力量驅策我，很可能我就是一天打魚、三天晒網，有一搭沒一搭，部落格就不會有今天的樣貌。

我們必須找出「真正渴望的是什麼？」你是要那塊小蛋糕，還是要瘦身成功？當你真正的渴望動機出現時，去做，不去做？立見分曉。

自律不是在用意志力去控制欲望。極度的自律，其實是背後極度的渴望，自律的本質是在追求更深層的渴望。

要輕鬆控制眼前欲望的前提，就是心裡必須要埋進一個很強大的渴望。只要內心有更強大的渴望，就可以輕易吞噬那些生活中的小欲望。如果心中沒有更強大的渴望，在面對各種誘惑時，都只是在靠意志力硬撐，這樣總有一天會打回原形，所以我們必須不斷往內挖掘自己的內在驅動力。

現在，我們可以一起來挑戰意志力實驗：

- **「我要做」**：有哪件事情你想要做？做了知道你知道可以幫助自己提升現有生活品質？

- **「我不做」**：有哪件事情你想要停？或少做？因為會降低或損害現有的生活品質？

- **「我真正想要成為……」**：有哪件事是你的短、中、長期目標，你希望集中心力好好達成的？有什麼是事會叉開這個目標，導致你達成不了？

前兩者都是意志力的拉扯，只有最後那個渴望，才能幫你掙脫「要」或「不要」的糾纏。

05 順流致富的心態與天賦

　　當時，我最大的渴望就是：「時間自由」、「工作自由」和「工作三年存到一桶金」。

　　因為有「工作三年存到一桶金」這個非常明確的目標，所以我渴望挑戰自己，看著自己的資產一天一天成長，會讓我非常有成就感。也因為這個渴望，常常當我陷入「要做」、「不做」欲望糾纏拉扯之間，就很輕易地能夠控制住自己的購物欲，加上「極簡思維」，我把對物質的渴望降到最低。

　　這樣的堅持與專注，而不是單靠意志力，以強烈的渴望和動機，所以一切都是自動自發，不需要他人督促：按時存錢、

按時發部落格。同樣的道理也運用在理財上，按時存好退休金，對我來說，未來想要自由工作的前提，除了擁有多元化的收入來源，也必須要有 100 萬元這桶金做為基底燃料，讓股票利息生生不息，讓複利不斷湧現。

這裡要再跟大家分享的是「心態」，窮人和富人有很不一樣的心態：**富人專注在機會，而窮人關注在阻礙**。「心態」是影響個人學習、成長、人際關係、終身成就、人生道路的最重要關鍵。

我們從小被培養的一些「正確」觀念，好比說學得一技之長，找公家機關穩定的工作……這些穿著正確觀念的糖衣，反而有可能是妨礙自己成長、發揮潛能的毒藥，會成為養成「致富體質」的阻力。

人的心態多半有兩種：一種是「固定型」心態，第二種是「成長型」心態。「固定型」心態的人，必較注重穩定、不喜求變、對事物通常抱持比較消極、負面批評的態度；「成長型」心態的人，總是樂觀看待自己的所有特質，將個人的基本素質視為起點，認為可以藉由後天的努力、累積經驗而有所改變和成長。總結來說，「固定型」心態的人會認為「我無法選擇我

的生活」；「成長型」心態的人會認為「我是生命的設計師」。

每個人的心態是經常波動的，在不同領域會產生不同心態，好比說，念書的時候是成長型心態，減肥的時候就成了固定型心態……但不論心態怎麼轉變，在奠定財富大樓根基這件事上，一個好的「成長型」心態，是讓自己未來成功機率大幅提高的極重要關鍵！

吸引金錢的七個關鍵心態

事實證明，心態可以致富，在此分享「吸引金錢的七個關鍵心態」，讓我時時刻刻提醒自己：

走出舒適圈，練習不習慣

如果遇到一件自己從來沒有碰過的事，心生恐懼，你是恐懼中也會採取行動，還是就讓恐懼阻擋自己不行動？科學家發現，如果能夠跨出舒適圈，深度專注的刻意練習，使自己從不習慣到習慣，一定就能創造成功、出類拔萃。

頂尖高手之所以與眾不同，並不是靠經驗的累積，而是靠

刻意練習。所以，面對一件自己陌生的事情，千萬不要害怕、恐懼，因為一個人從事某件事情的時間越長，就能越擅長那件事情，從不習慣到習慣，從習慣到擅長。

負起當責，不找藉口

如果結果不是自己的預期，也自己扛起責任，為自己的失敗負責，而非找藉口，覺得都是別人的錯，怪政府制度有問題、怪時機不景氣、怪交到壞朋友⋯⋯卻沒有檢討自己。

如果你的生活過得不順心，請從自身開始省思，因為外在世界是內在世界的投射！身體健康出了問題，其實是一種生活上的警告，這時你可以開始留意自己的內在狀態。當一個人開始為自己負責時，就會勇敢做出不同於以往的改變！

持續學習，不斷成長

仔細觀察一下，那些窮人是不是老覺得自己已經看透人生，而富人始終有很多積極創新的想法？第三個吸引金錢的關鍵心態，就是隨時保持思考，因為財富始於腦中的想法。

很多人說看電視和追劇不好，是浪費人生，但我不這麼

認為，**關鍵在於看電視、追劇時，你有沒有動腦反思自己的生活**，如果只是單純看劇，因為大腦完全沒有思考，只有單方面的吸收，這樣你就只是在看別人的生活；**閱讀**也是，閱讀看起來是好事，但如果你只是單方面吸收書中的思維，而沒有再進行反思並套用到生活上的話，這本書對你的幫助也會很有限，所以可以練習在閱讀學習時，讓大腦隨著文字思考而轉動，接收更多想像帶來的收穫，透過隨時保持思考，可以讓大腦因為不斷的運用而持續進步。

讓錢為自己工作，而不是自己為錢工作

假設我想出一本書，我用兩年的時間來寫作，兩年後，卻連一本書都賣不出去，一毛錢都沒有賺到，原因很簡單，因為沒有人會在意你花多久時間、心血、淚水去完成這本書，或是一個產品，大家真正在乎的是這本書能為他們帶來什麼價值！

從這件事，我們可以從時間思維轉換到價值思維，思考所做的每一件事能帶來什麼價值。「價值」這兩個字乍看似乎很抽象，其實是有跡可循的。想想看窮人跟富人的差別，在於金錢的價值，以及你能為他人解決多少問題。錢在不同人身上有不同的價值：**窮人為錢工作，富人是讓錢為自己工作**。你要

當富人還是窮人？你用什麼來計算收入呢？是用時間計算收入？還是用價值計算收入？富人專注於財富的淨值，窮人卻專注於工作收入。

多讚美，不抱怨

要做到不抱怨似乎很難，但至少要多讚美。為什麼？因為越懂得讚美的人，心情越快樂；越快樂的人越願意付出；越願意付出的人會得到越多的祝福；越得到祝福的人就越有能力幫助更多的人……如此一來，施受泉源不斷循環，能夠讓自己置身富足當中。

千萬不要當一個喜歡抱怨的人，總是處處有意見，我常常提醒自己：抱怨百害而無一益！永遠大方讚賞別人，並且無論獲得的金錢（薪水、撿到的錢、賺到的佣金……）有多大，都要表現出最大的愉悅，每個月從自己得到的收入中提撥一些金額捐贈出去，幫助需要幫助的人，會發現自己的世界漸漸變得不一樣。

樂於分享、宣傳自己的價值觀

當你很明確地清楚知道要吸引財富到自己身上，就要強化自己的金錢藍圖和金錢價值觀，去分享，並且宣傳那些符合你賺錢理念和價值觀的事情。很多人把推銷和宣傳看成不好的事，這是很窮人的思維。富人都很樂意宣傳自己的創新想法，喜歡和人別分享交流自己的價值觀，保持行動思維而不是樂透思維。

大家想想，中樂透這種天降橫財，可以買下一棟房子、辭掉工作、到處去旅行的事，機率有多少？與其買這個虛假的希望，不如付諸行動，將財富掌握在自己手裡，培養能夠增加收入的技能，提升能力，賺多賺少自己決定，才能取得人生的掌控權。

借力賣力

希臘數學家阿基米德說：「給我一個支點，我就能撬起整個地球。」用槓桿原理，我們可以舉起很重、本來舉不起的東西。

沒有人是萬能的，我們每個人的生命有限，學到的東西也

很有限，懂的東西也很有限。成功的企業家懂得借力，他們身邊總有各個領域的專家：法律、會計、稅務、行銷、企劃、營運……因此，想要提升財富就必須懂的借力。

所謂借力，其實就是突破自身條件，整合資源，善於借力不僅是一種能力，也是一種勇氣，更是一種智慧，用較少的精力去完成某一件事，你可以借別人的時間、金錢、精力、知識、資源，來完成某一項任務。

改變我的第三本書

在此，我要分享第三本對我來說很重要的書：

《順流致富 GPS》

《順流致富 GPS》（*The Millionaire Master Plan*）這本書可以幫助一個人找到自己的天賦，透過聚焦在自己擅長的事，以及認清自己個性上的缺點，釐清自己在創造財富的路上面對的各種難題。

愛因斯坦曾說：「每個人都是天才，但如果你用爬樹的

能力來斷定一條魚，魚一生都會相信自己很愚蠢。」這本書提到每個人都有最適合自己賺錢致富的天賦，我們只要順著天賦去發揮，做擅長的事把天賦效率發揮到極大，然後把不擅長的事，透過找到合適的夥伴，用外包或合作的方式，讓大家都能在自己天賦專長上盡情發揮，就能創造出效益的最大化。

愛因斯坦還說：「找出你是誰，比你埋頭努力還更重要！」我就是善用自己的天賦，擺脫了被錢追著跑的日子。這本書讓我突破了自己在學習理財上的盲點，以前我總是看見自己的短處，用盡全力想要補足，很少在自己的長處上多下功夫，以至於學習理財路上跌跌撞撞，始終找不到最適合自己的一套方法。以前我總是望著數字能力、邏輯能力很好的大神們學習，想盡辦法弄出完美的表格，盡可能細節化的掌握各種數據，但最後卻是：越理越不開心。我發現我的天賦，跟這些數字邏輯能力很好的大神們非常不同。後來，我就反過來思考，先了解自己的天賦後，找到同樣天賦的作者或老師來學習，這樣就摸索出了一套適合自己的方法。

付費上課做了天賦測驗後，我才發現自己的天賦特質是屬於「發電機型」的「明星」。在此補充說明一下，這是一套來自英國的專業測驗，由世界財富大師羅傑・漢彌頓（Roger

Hamilton）所創，全球已有超過 150,000 位創業家和各領域的
領導者們都採用這種天賦原動力系統（Talent Dyamics）來了
解自己或員工的潛藏能力。天賦原動力系統將人分成四種能
量、八種特質，簡單來說，發電機型天才擅長「創意」、火焰
型天才擅長「人際」、節奏型天才擅長「感知」、鋼鐵型天才
擅長「細節」。

發電機型天才

成功的代表人物：蘋果創辦人賈伯斯（Steve Jobs）

發電機型天才擅長創意，他們喜歡天馬行空的發想、開
創新事物，擅於推動事情的進展，比起其他人更能看見未來。
這特質喜歡多元化的收入，每天唯一不變的就是每天都在變，
因此比較沒有耐心，不喜歡一成不變的事物，創新會是成功的
關鍵。

成功之道：能自由的創造並有可靠的團隊協助。

失敗導因：跑太快，團隊成員跟不上而精疲力竭；以為靠
自己就可以做所有的事情。

火焰型天才

成功的代表人物：美國脫口秀主持人歐普拉（Oprah Winfrey）

火焰型天才擅長與人相處交談，把重點放在彼此間的關係上。他們專注於領導能力與人際關係上，容許自己盡可能的往外跑而非待在辦公室內。這特質的成功要件是「與人互動」，善於人跟人之間的交際來達到收入的最大效益。

成功之道：找到一個可以認同的空間盡情發揮，建立團隊的忠誠度，將創意及計算問題交給別人，可以領導別人也可以被領導。

失敗導因：需要找到可以讓他們發光發熱的空間，如果找不到就會一直停滯不前。

節奏型天才

成功的代表人物：股神巴菲特（Warren Buffett）

節奏型天才善於腳踏實地、處理大量的活動、實際動手做，並專注於他們的堅持力及感知能力。他們時常小心翼翼，並希望有多一點時間考慮。別期待節奏型天才提出有創意的計

劃，但可以預期他們可以把需要完成的事情準時交出來。

成功之道：善用時機點及議價的能力，能在最好的時機點出手，有敏銳的市場感知力。

失敗導因：他們可以同時做很多任務，較不擅長創造，他們適合從別人身上得到線索，也善於服務別人。

鋼鐵型天才

成功的代表人物：亞馬遜創辦人貝佐斯（Jeff Bezos）

鋼鐵型天才擅長處理細節、計算、釐清資訊，並專注在系統與資料的管理。鋼鐵型天才喜歡獨處，可以獨立在安靜的環境下工作。他們會以自己的步調把事情做對，不會倉促行事。鋼鐵型天才的成功要件是優化事情，並運用數字邏輯來倍增財富。

成功之道：專注於後端細節，不處理前端事務、掌控流程就能改善盈虧。

失敗導因：處於創作的環節時，主事者獨裁的作風會讓鋼鐵型天才難受，或是沒有鋼鐵型天才要的資訊他們也會難受。

看完後，你覺得你是哪種能量屬性呢？

我的四能量強項落在「發電機」和「火焰」，弱項則是「節奏」和「鋼鐵」，這才讓我驚覺自己即使看了很多大神整理好的資料，之所以還是難以咀嚼的原因，因為看報表、細節是我的弱項，我可以學習，但要花非常大量的時間和精力。自從認識自己的天賦後，我更明白自己應該把重心放在哪。

06 理白小姐的誕生，陪伴理財新手

做了天賦測驗之後，我明白自己愛異想天開，也很喜歡和人接觸，都是天賦能量使然，我的天賦導師鼓勵我將自己的明星特質，以經營自己自媒體方式來增加收入，這使得原本就有想經營自媒體想法卻始終猶疑不定的內心，有了確信的力量。

於是我開始為財富自由打地基，經營自媒體：IG、FB，自媒體和企業品牌是完全不同面向，自媒體是以「自己」的角度出發，以「人」為核心去分享自己的觀點和知識。下班寫部落格時，我的焦點都放在理財，所以很自然地，我想分享自己所學的理財知識。

但是自媒體當中已經有滿山滿谷的各類投資理財達人，讓我感到非常卻步，內心不斷自我懷疑：「我真的可以嗎？」

自我懷疑的聲音，再度把我拉回了自己的核心優勢。回想當初自己摸石子過河邁向理財投資，剛開始起步十分艱辛，常常覺得理財離自己很遙遠。但是現在的我深耕理財許久，也有很出色的表現，是否可以幫助想進入理財的年輕人，少走些冤枉路呢？

我進一步換位思考，如果是過去的我，會希望受到哪些幫助？希望有什麼樣的角色陪伴在身邊呢？這樣一路思考下來，就定位了我的受眾對象，沒錯！**我想幫助的對象就是「理財小白」，在理財上是一張白紙的新手們！**

我相信有很多人和我一樣，只要看到數字過多就會頭暈，但又深知沒錢沒未來，非常想把理財學好。我想幫助那些不得其門而入、周圍生活圈沒有人能一起討論或學習的對象、不知道如何獲得淺顯易懂的資源、怕談錢傷感情也無法敞開心扉正視金錢的人！

想著想著，油然而生一股使命感，我甚至希望可以讓理財成為公民教育，幫助更多人好好打理財富地基，如果每個人

都能照顧好自己的財務狀況，就能減少因「錢」而生的家庭悲劇，我不知道我的力量可以發揮到哪，但我很願意為這個社會帶來正面價值。

於是，我以「理財小白」這個對象為核心，在一個風光明媚的午後，躺在床上確立了自己的品牌：理白小姐！

「理白」，直接讓人聯想到唐朝詩人「李白」，很好記，雖然我不是寫詩的李白，卻是會分享財富的理白，而且我是女生，可以快速和李白做出差異化！當下的我真的超級無敵興奮，內心很篤定：就是這個了，「理白小姐」就此誕生！

也許讀者會問我：「會不會擔心自己不夠格？會不會擔心朋友說自己想紅？會不會擔心同事們議論紛紛？」這些雜音都曾出現在我耳邊……但當時，我只問自己一句：「如果不做，會不會後悔？」答案是：「會！」

對於零行銷、無投資專業背景的我，分享理財領域的主題、行銷自己其實是有障礙的，我花了一個多月的時間做好心理建設才跨出第一步，畢竟這世上不乏專業的人，但缺乏願意真實分享自己的人。所以，即使沒有架過網站、沒有寫過文章、沒有做過自媒體，只要突破從 0 到 1 的過程，9 到 10 都

能越做越好。所以，我也想鼓勵閱讀本書的你，如果你也有想做的事卻遲遲沒有開始行動，也可以問問自己將來會不會後悔？如果會，那就趕緊採取行動吧！

沒有行動，再多的夢想沒有用；不要把人生停留在嘴上或空想上。想，是最簡單的事；想，每一個人都會；想，最廉價的產品。只有去做、去行動，才會知道現實的誠實與殘酷，才會一步一步逼近目的地，並拿到你渴望的結果。

就在我真正公開分享自己的理財心得後，我發現其實並沒有想像中可怕，可怕的往往是「自己的想像」。由於我很真誠的把實用經驗分享出來，反而有很多朋友肯定我做出的改變，甚至有去中國出差的朋友特地翻牆來按讚支持。

經過了這個過程之後，我愈發明白：**擺脫恐懼的最佳方法就是「行動」！**

我開始規劃每週產出的內容目標，只要有排休一天的假期，我就會撥出時間寫文章，甚至還曾經挑戰五點起床學習課程，這些事完全沒有人逼我，都是我自發性去做、去完成的，我感覺到下班後人生才開始，每天我都很期待下班、期待展開自己的第二事業！

很難想像吧！過去，我是一個三分鐘熱度、很容易放過自己的人，我沒想到自己可以在自媒體這條道路上堅持了 3、4 年，其實這一切都是因為我逐漸成了一個「自律」的人了。而且這個自律機制就像複利效應一般，越滾越多機會與資源，只是我投資的不是股票，而是我自己。

07 一連串的為什麼，成就現在的自己

對一般人來說，自律是違反人性的。例如，想要每天早晨6：00起床，並且慢跑30分鐘，這件事大部分的人都做不到，但是睡覺、耍廢、滑手機，這些事做起來卻不費吹灰之力，為什麼？因為內建的驅策力很強烈，所以不用鞭策，自動自發會去做。

所以，想達成自律，必須找出「內心強烈的驅策力」，這個驅策力需要跟情感連結越深，越強烈！

只要你理解大腦的驅動模式，就能善加利用欲望，幫助自己達標。人是欲望的產物，每天我們所做的任何決定，其實都

跟大大小小的欲望有關。如果你現在還存不下錢來，就是還沒有找到自己存錢的強烈動機。你要深挖，問自己「為什麼？為什麼？為什麼？」

當你對一件事情的動機越明確、越強烈，行動力就會越大，也就越容易做到自律，而且建議這個動機要跟情感有連結，才會強烈。我當時會把生活轉變成「極簡主義」思維，就是因為發現購物只能為我帶來短暫的快樂，當我開始審思消費對我的意義，在希望達成「自由工作」和「存到 ·桶金」的強烈動機下，眼前的消費欲望就顯得微不足道了！

如果到現在尚未養成儲蓄習慣、還沒有理財計畫、總是衝動消費……可以反思一下：

- **為什麼自己沒辦法堅持下去？**
- **做這件事情的動機是什麼？**
- **是不是因為做這件事情的動機不夠明確或不夠強烈？**

不斷挖掘自己的內心深處，找出最根本的動機，問自己：

- **為什麼不能再這樣下去？**
- **再繼續下去會有什麼後果？**

一旦找出動機，夠明確也夠強烈，自然會形成一種自律與習慣，距離目標達成一點也不難。

假設現在有人跟你打賭，只要你能堅持一整年每天都運動 1 小時，一年後你就能獲得 100 萬元，只要有一天沒運動，100 萬元不但沒了，你還要被罰 50 萬元。你願意接受挑戰嗎？對於急迫需要 100 萬元的人，這個動機夠強烈，也非常明確。越明白自己真正想要什麼的人，越能夠自律達標。

我從一個懵懂的女孩，不清楚人生未來的青少年，慢慢梳理成現在經濟自主、獨立工作、工作自由的自媒體工作者，就是透過不斷的自我察覺、內心深挖，過去的我無時無刻不反問自己：

- **為什麼想要存錢？因為想要結婚生子、想要照顧父母。**
- **為什麼想要投資理財？因為想要錢滾錢、用複利帶來財富自由。**
- **為什麼要經營自媒體？因為想要自由工作。**
- **為什麼要自由工作？因為希望有多元收入來源。**
- **為什麼要多元收入來源？因為想要辭掉護理工作。**
- **為什麼想辭掉護理工作？因為不想被工作綁住，想要**

工作時間自由。

- **為什麼想要工作時間自由？因為爸媽年紀大了，想花多一點時間陪他們。而且我未來有小孩後，我想要有更多時間參與小孩的各個成長階段，並且提供他們最好的成長環境。**

可以看出，如果一直問自己為什麼、為什麼、為什麼，一層一層去挖掘，就會更清楚自己最根本的欲望到底是什麼，而我們最根本的欲望，通常都會跟我們某方面的情感有所連結。如果發現自己的答案沒有跟情感方面有所連結，有可能還沒找到最根本的欲望動機。

很多人的心裡都會有一些很遠大的夢想，但大部分的人其實都不太相信自己真的可以做到，對吧？沒有足夠的欲望，也對自己沒有足夠的信心，這樣的人怎麼可能做得到自律？

先清楚知道你做一件事情的「動機」，只要有足夠「強烈的欲望」，就能輕鬆做到「自律」，當維持自律一段時間，就會慢慢變成「習慣」，一旦習慣養成，要維持就更容易。因為當一件事情變成習慣之後，就不太需要花費太多的心思與精神，自動會形成一種正向循環。好比每天早上起床，你一定是

會洗臉刷牙，這已經是生活習慣，所以一個好習慣的養成，會帶動另一個好習慣，這樣繼續下去，生活就會越來越好。

千萬別忘記：現在你所擁有的一切，都是過去你的習慣所累積起來的。

習慣是一種很強大的力量，需要從零開始培養。現在開始，跟我一起養成理財習慣（見圖表 1-5）：

- **找出理財的動機**
- **動機產生強烈的驅策力**
- **驅策力帶動自律**
- **自律變成習慣**

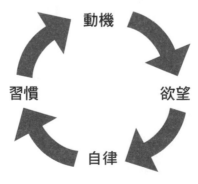

圖表 1-5　習慣的正循環

　　如果現在的你，在工作上、經濟上、情感或婚姻生活中、親子關係或人際關係……遭遇某些棘手的難題或不斷有不同的問題發生，而你想扭轉局勢，努力過卻徒勞無功？試著重新檢視事情本質，深挖問題的所在，找出最深層的渴望與堅強信念，按著自己的天賦屬性與關鍵能量，更有系統並實際應用，重新為自己的人生再次定位、找到順流人生方程式，達成自己的夢想！

第 2 章

以終為始的逆思維

你可以假裝直到自己成功，
但不可放棄任何可以改進的
地方。

08 扭轉人生的兩大招術

　　出社會後我一直在台北工作，但男友在彰化工作，兩人愛情長跑了一段時間，要論及婚嫁時，我才發現女人好像有點委屈。女性都是嫁雞隨雞，看情況婚後勢必是跟公婆住，首先得適應一個不熟悉的家，且需要找彰化的醫院工作，但薪水似乎不會比台北好，生活品質也沒有多少提升，內心突然出現很多疑慮……然而，在我的人生規劃中，結婚是很重要的里程碑，既然是我的目標卻又打心底排斥？怎麼會這樣？

　　「我所排斥的，必定就是我所要學習的。」如果我們不用逃避的心態，面對自己的人生，就會出現一種新的動力，可以

打造自己想要的理想生活。

於是，我開始調整心態與信念，如果我能打造出一個到哪都能賺錢，又比現在當護理師的薪水高，這樣就不會覺得自己委屈了啊！有了這樣的想法之後，我就開始積極找方法，也開始經營自媒體。後來，我轉職成功，婚前我們不但已經買好了房子，婚後我還可以在家工作賺錢，不僅能和先生家人有更多相處時間，也能照顧到自己年邁的雙親。

你遇到的所有人，與自己都是「對鏡」關係

每天刷牙洗臉照鏡子，鏡中的你是真實世界中的你，可曾想過：你從別人身上看到的，其實也都是你自己？

這個世界上，你會遇到什麼人？發生什麼事？其實都跟自己有很深的連結。**從每個人身上，我們都能發現自己，因為所有的人際關係，其實跟自己都是「對鏡」關係，透過他們，你才能認識真正的自己。**

舉個例子，當男友提出：「不如我們做遠距夫妻，只有假日碰面的那種！」我本來也覺得好像可以，這樣不必朝夕忍

受對方的缺點和惡習，不會過於熟悉而彼此厭倦……但突然意識到：會不會想要成為「隱婚族」的是我自己？我們會不會因為遠距反而拒絕不了身邊各自出現的誘惑與機會？當我看清楚婚姻的本質，很快就明白：既然結婚就應該要住在一起，既然是夫妻，就應該信守婚姻的責任與承諾。釐清結婚對我的意義，也去了解他對婚姻的想法，我提出自己堅定的信念，彼此也就達成了共識。

如果我的婚姻很乏味，其實可能是因為我覺得乏味，或者更糟的是，我這個人很乏味。如果伴侶對我失去熱情，很可能是因為我也對他失去熱情。我們相互成為對方的鏡子，看到他其實是也是看到我自己。

要避免朝夕相處帶來的平常無奇，就自己創造生活的樂趣，像是可以隨著季節更替，把家裡的碗盤都換成符合季節的氛圍，洗碗時還可以順道欣賞一下，最平常的事，也可以有新的面貌。忙碌一天後，可以彼此說說生活中無聊的瑣事，用歡欣的心情去述說，反而變成彼此的快樂記憶。

我所排斥的，必定就是我所要「學習」的

生活中所有自己厭惡的，其實都是在幫助自己。對方之所以會在你眼前出現，都是有原因的，結果不是幫助自己，就是自己幫助別人。

我們所愛的、喜歡的、感到舒服的，其實是溫暖的一面，屬於光的；而那些不愛的、不喜歡的、討厭的，其實就是消極的一面、屬於陰暗的。這些陰暗，顯示了我們深藏於內心不易被人發覺的個性，如果能夠藉機會將這些陰暗面攤在光下晾一晾，陰暗自然消失。比方說，你看見一個人很嘮叨，讓你覺得很煩躁，那麼可以試著思考看看嘮叨有哪些正向特質，嘮叨的人代表他們很會表達，也願意說出自己內心的看法；反之，再看看自己，是否過度內吞，該說的話都不說出來，想拒絕卻又不敢說，當你看見嘮叨的人時，你就能轉為欣賞他勇於表達自己，當你越能從你排斥的特質中，看見其中可以欣賞的價值，你做人處事就會越來越圓融，排斥、討厭的人就會越來越少。

無論是老闆、同事、朋友、配偶、家人、親友、小孩都一樣，如果他們說話惹你不高興，先捫心自問：我為什麼不高興？是這些話戳中了我嗎？對方所言屬實嗎？如果不是事實，

為什麼我要生氣？因為只有越接近事實的指控，才越有可能引起當事人的辯駁或發火。所以當自己被指責時，先反問自己，對方說的是真的嗎？如果不是真的，為什麼我會想要攻擊或反擊呢？如果自己真如對方所言，那麼立刻悔改認錯，如果不是，毋須辯駁反擊，只需要去理解、欣賞，將對方陰暗言論，扭轉成你的溫暖和愛，這樣你就立刻蛻變提升了。你可以回答對方：「如果這樣說會讓你覺得舒服些、宣洩出來會讓你身體健康些，我很樂見。」所有對你的荼毒與惡言惡行，其實只是對方試圖將內心發了霉的陰影拿出來晒晒太陽，這些發霉毒素如果不是事實，完全不必當真，反而是讓對方的怨氣宣洩、毒素釋放了，對彼此的未來絕對是好事！

我們每個人都應該學會生活的藝術，學會將陰暗消極的抱怨，蛻變成溫暖動力的愛，這樣一來，不但自己提升了，也解決了對方的問題，所以千萬不要排斥或逃避，因為這些都是「天賜」良緣，得好好藉此機緣「蛻變」自己。

09

能量管理，
是顯化財富的關鍵

　　說真的，你滿意自己的人生嗎？很多人說上班精力耗盡，下班累的像條狗，回家只想躺在沙發滑手機！這樣的人生還有未來嗎？我想說：有覺醒就有改變，想要上流生活就不要甘於只活在平流層，把你的人生夢想大膽說出來！

　　當我還在醫院工作時就意識到，護理師是一份特別消耗時間、體力、能量的工作。沒錯，白衣天使有很神聖的使命感，但相對來說，工作壓力大到總是讓我感覺很累。何況遇到疫情、家人住院時，身為醫護人員的我連請假都很困難，無能為力、只能焦慮，實在會很疑惑自己努力上班到底是為了什麼？

我想這樣下去未來怎麼辦？我想要組一個家、我想要工作有時間彈性、我想要有好的收入可以照顧家人……如果我不改變，未來一點都不會變！

人只在失去動力的時候，才會焦慮、恐懼，甚至害怕。有了動力之後，一切都是有希望的。

結不結婚，買不買房？這些都是我要面對的壓力。別人說時間管理很重要、壓力管理很重要，健康管理很重要，但當時的我認為，「金錢管理」最重要！因為面對的各種問題，最根本的解法通常都離不開「錢」。我常跟閨密開玩笑說：「錢能解決的問題，都不是問題，錢不能解決的問題，可能是錢還不夠多。」

其實，我們的煩惱不外乎是職場、生活、家庭、情感、人際、健康這些領域，每一個自己面臨的問題，只要願意都能找到解法。本質清楚之後，我就開始行動。我積極學習，利用下班後的兩個小時寫理財文章。當別人滑手機休息，我用寫文章休息，這種方式不但能提升自我，還為我帶來成就感。

為什麼要做改變？因為我想改變未來！改變沒有那麼困難，當我們認知到：什麼才是真正的自己，過去的那個你未必

是真正的自己，改變以後的那個你可能才是真正的自己，就不會害怕改變，也不會活的隨便。

找出問題的突破點，發現人生新旅程，每個人都有能力過自己想要的生活。

還在做護理師時，我開始付費學習課程。首先是付費學習「天賦」課程，深度認識自己，後來又付費學習「能量」課程。本來我不覺得自己需要上能量課程，但是看到很多同學因為這個課程發生了極大的轉變，講出來的東西有智慧又有深度，輸出內容十分不一樣，所以我在 2020 年也付費上了「能量」課程。

能量課程是屬於身心靈的範疇，對我看事情的角度、透澈度有很大的幫助。當我將課堂所學應用到職場和生活中，發現真相的確如此，更肯定自己付費學習太值得了。「物以類聚，人以群分」，你之所以會選擇跟這位老師學習，其實都是吸引力法則。

世間萬物是由能量所組成，思想也是一種能量，會聚在一起都是有能量互相吸引。每個人內在的潛意識都有強大的動力，只要開發出來，釋放潛在能量，正能量開發出來的越多，

生活就會變得越好。

　　例如：消除心理障礙、意識到什麼才是自己真正的需求、驅除慣性的消極想法、學習顯化內心的想法……這些透過課程中技巧性的訓練，可以靈活掌控與生俱來的潛意識，這塊既神祕又強大的能量，我們需要做的，只是學習技巧：開發它，喚醒它，掌控它！

　　大家可能很難想像，我是屬於「低敏感」族群，我曾經做過「高敏感」測驗，基準值是 60 分，高敏感是 60 分以上，低敏感是 60 分以下，我做出來只有二十幾分，我先生測出來都還比我高，他有四十幾分，比我高 2 倍。有時候先生覺得自己口氣不好跟我道歉，我都還不明白發生了什麼事！我真的是一點感覺也沒有，我的敏感度就是這麼低。

　　上了能量學，不是說我變得高敏感了，而是我變得更有智慧了。現在很多事情，當別人還不明就裡，我比較能就看清了事物的核心、找出了問題的所在。

　　很多人說聽我講話看起來不像是 28 歲的人會講出來的，好像我走過很多的經歷，其實是因為能量讓我看到事物的核心，很多東西本質看到了，自然一目了然。

　　很多人充滿負面能量卻不自知，潛意識操控我們的人生。我們的思考邏輯、生活習慣、面對問題的態度、決策布局、行動力，都影響著自己的未來。透過不斷學習，花力氣改變負面想法非常值得。

　　現在來做一個實驗：當你聽到金錢、成功、財富這些名詞時，馬上想到的什麼？如果隨之而來的是壓力、遙不可及的感覺，那證明你目前正處於負能量狀態，你需要覺察心中存在的疑惑，馬上調整這種慣性的消極思維，否則未來堪憂。

　　以前的我，同樣會陷入存錢不夠、時間很緊、愛情無果、做著毫無希望的工作、常常心情低落……類似這些無法擺脫的困境。我們必須明白，潛意識如果總是充滿消極負面的思想時，壞事會一直接踵而來。

　　我很希望大家能把內心的渴望和期待盡量顯化出來，賺錢像呼吸一樣自在又輕鬆，能用積極的思想去吸引富足和幸福的生活：有錢、有好的工作、愛情或家庭圓滿、有健康的身體……這也是我想寫這本書的主要目的。

10 當你一無所有，
你會怎麼做？

不久前，我參加了一個「零元旅行」活動。這個活動不能帶任何現金、信用卡，可以帶手機但不能用手機支付，任何你想到的民生用品，像是衛生紙、水，都不能帶。就這樣「一無所有」，我到台南旅行三天兩夜。

零元之旅的體悟

我發現，能量狀態好、內心本來就豐盛的人，即使拿掉身上所有的財富，還是有辦法創造出外在的豐盛。能量就像太

陽，心裡有太陽的人，到哪裡都是晴天，當我們面對恐懼而不
再害怕的時候，世界便海闊天空。

體悟一：千萬不要跟宇宙說「不」

《祕密》（*The Secret*）這本書相信很多人都讀過。其中
有個很重要的吸引力法則：宇宙下訂單，大家學會了沒？我們
向宇宙下訂單時，意念要清楚，越清楚發出命令，宇宙就越容
易將我們想要的送到面前。但我們經常下錯訂單，我第一天就
犯下這個錯誤。

「零元旅行」的活動至少有七十幾位朋友參加，其中不
乏千萬身價的企業主。其中有一個人跟我一起出國旅行過，但
我不大熟，當時心想：千萬不要跟這個人在一組，結果，竟然
就被排到一組。之後大組又分小組，我這個人平常喜歡動腦想
點子，就怕做苦力讓身體累，當時看到一位身障朋友，起了一
個念頭：如果在同一組，是否就要幫忙推輪椅？這個念頭才閃
過，後面就有個朋友踢我：要不要跟輪椅的朋友一組？天哪！
怎麼會這樣？後來，有好幾個朋友想跟坐輪椅的朋友一組，我
暗自高興，嘿嘿，應該輪不到我。結果，分組的時候，原本輪
椅那組必須搭配一位女性，不知道為什麼，我竟被指定跟他們

一組。

我犯了什麼錯？我專注在「不要」，當我將專注力放在那麼「不要」，那個「不要」就送到了！下的訂單越清楚，宇宙送達得越快。

千萬不要跟宇宙說「不」。我們要專注放在要的東西上，創造正面的思想、正面的感受。宇宙接收到了正確的感覺，自然會帶來你正確的回應。

體悟二：看到的每個人嘴臉，其實是自己過去的嘴臉

「一無所有」的活動，讓我們每個人低聲下氣。你會看到很多的嘴臉，這些嘴臉可能都是過去你自己的投射。

有個千萬房仲，在台北的生活是杯觥交錯、動不動帝王蟹饗宴、用錢從來都是大手筆、幾千幾千的花。在這次活動中，因為一無所有，得開口請陌生人施捨 10 元、20 元，物質落差瞬間從雲端掉落谷底。分享心得的時候，她說，當路人願意給 10 元、20 元，並祝福她一路平安，她的眼淚瞬間掉落。當你一無所有的時候，能想像自己的人生會是怎樣的光景嗎？應該是很容易被人拒絕、很容易被當成透明人視而不見吧！這件事

讓她想起，當別人需要幫忙時自己的態度與嘴臉，也檢討自己過去的大手大腳、揮霍無度的生活。

我記得那時大家都肚子餓了，有家麵店老闆娘二話不說，願意幫忙我們，直接問我們想吃什麼？現在詐騙很多，很多人不太相信陌生人，就連對自己熟悉的人都不太相信了，更何況去相信陌生人。排骨飯 75 元、滷肉飯 25 元，價格差很大，但老闆娘很大方，菜、湯、飯任我們自己選，完全沒有限制。老闆娘就是簡單的相信我們、幫助我們，沒有懷疑我們的動機。那個相信很純粹，反而使我們覺得不好意思。

我平常很容易相信別人，如今也碰到這樣的人，受到這樣的幫助。真正應證了：**所有所給予的**，都會再回到自己身上。雖然老闆娘很大方，但是因為我們沒錢付，也不能趁此免費大吃特吃，我們就只點了一碗滷肉飯，三個人暗地流淚，還著感恩之心默默分著吃。

體悟三：開口要錢很難，想辦法自立更生

我們每天都有不同的任務。第一天當領隊說有任務時，我非常高興，因為聽到「任務」二字，我想可能是闖關什麼的，

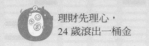
有股傻勁要衝，沒想到任務是要去乞討錢，當場整個人傻眼。

雖然只是小錢，去要 1 元、5 元、10 元，但是開口乞討，這件事還是很難，尤其有人是背著 LV 名牌包、手戴金鑽錶……別人看我們這組有坐輪椅的，好像有先天優勢，的確有，當我乞討自己需要一塊錢，陌生人問：「要幹麼？」看一看後面有身障人士，靜默一下，沒說什麼也就給了。

有了小小本金，就得想辦法以錢賺錢，不然老是乞討也不是辦法。有人想出賣造型氣球，送讚美服務。WeChat 有個「誇誇群」，只要願意打賞一塊錢，一堆人會無所不用其極地讚美你，我們也想按表操課，但是想得跟實際發生的都不太一樣。我們發現很少人在路上想要拿氣球，氣球雖然賣出幾個，但不夠吃飯，誇誇群也沒發揮效用。於是，我們商議著改變策略。

我發現台南美術二館是有名的拍照景點，有很多情侶、朋友、家族都會在這裡拍照，於是我發起「拍不好不用錢」商機，願意讓我們拍照的，不但送瘋狂讚美，還有擺拍指導、妝髮服務、按摩等超值服務。

拍攝是專業技巧的，我先看穿搭，比如一位穿露背裝的女孩，我拍的重點就會是「背」。客人覺得我拍的很好，一開始

付了 100 元，後來又贊助 200 元。我還想到異業結盟，因為我看到有位大哥帶兩隻變色龍散步，就情商大哥藉寵物拍照，大哥很爽快，不但不需要道具費，還贊助我們額外的錢。有幾位越南朋友，穿著越南傳統服飾，我建議幫她們拍舞蹈短影音、錄影速剪，為她們在台灣的生活留下美好回憶，這樣又賺了些錢。

我們的商業手法很靈活，以市場為導向，客人肩頸痠痛就提供按摩。訂價策略也不斷調整，按摩原本 10 分鐘 50 元，後來轉成讓客人隨喜付錢，光是刮痧這項服務，也有收到 600、700 元的收入。

一無所有時，只能自找活路，才能生存下來。這次活動共有 11 組，每一組都有每一組的狀況。你會發現，可能有人光說不練，可能有人囉嗦嘮叨，這些都很可能是過去我們曾經出現的嘴臉，即便自己看不慣也要自我消化，因為這些都是過去的自己在演戲給自己看，真實上演才能讓未來的我們有所警惕，而且只有去欣賞、發現對方的正向特質，才能和對方分工合作。

很多事就是先做了再說，做了就知道市場買不買單，我是

組裡最早發現商機的，商機一旦出現，群裡的人就自動分工，妝髮服務、擺拍指導、攝影剪輯……各自站上工作崗位，我們的合作既有默契又愉快。市場自有答案，我們隨時調整。

一無所有卻樣樣有的八大感悟

第三天是感恩之旅，回到曾經幫助過自己的店家、或路上遇到的有緣人（當初有留 LINE 通訊方式或地址）一一拜訪道謝。這三天我們明明一無所有，卻樣樣都有，一點都沒有餓到，這是一讓人感動、很棒的人生體驗。我很感謝這三天曾經幫助自己的人，也寫下這三天的感悟，在他們身上，我看見了無條件的愛和支持：

簡單相信

現在詐騙盛行，很多人的心開始逐漸封閉，不再輕易相信人，但是在這三天的旅途中，我看見很多人還是願意簡單相信，而且不問原因，就只是想要幫助你！

這種純粹的相信在現代的社會真的很難能可貴，我永遠會

記得當下吃到那碗滷肉飯的感動，還有老闆娘的簡單相信。

濃縮版的富豪谷底求翻身

從一開始沒有地方可睡、沒有地方可以洗澡、沒有水可以喝，到自己想辦法賺錢後，隔天住進舒適的民宿，真的很幸福，也讓我更珍惜現在所擁有的一切。

沒有太多物質也能過得幸福

在物質過剩的時代，反而更容易被物品控制，陷入沒有東西就不能生活的狀態，比方說：一定要保養、一定要化妝……反而讓生活越來越不自在。

第一次出門三天，沒有帶行李箱，沒有太多物質的生活，反而過得很輕鬆自在。

沒有錢真的不會死

現在動不動就可以行動支付、刷卡，當花錢太容易，就越不容易珍惜擁有的一切。

我的同學是台北市信義區的千萬房仲，他說他平常都大手大腳、東西吃不完就不吃了，結果在這三天他吃到一碗陽春麵就落淚了，反而讓他覺察到什麼是真正的惜福。

活在當下，玩得開心最重要

我發現我們這組很會玩、很愛笑，沒有任何框架，而且很享受當下。

當你越想要什麼時候，往往它就離你越遠，但當你給出去的時候，不求回報，反而是回來的會更多。

真實的一面鏡子，赤裸看見自己

這三天遇見的人事物，都像是一面鏡子一樣，反射出來看見過去的自己：

- 曾經無私的助人
- 曾經衡量利益得失的助人
- 曾經拒絕可能需要被幫助的人
- 也曾經漠視過需要被幫助的人

組員們很可愛，都是每個面向的我，從中也看見自己未來還有哪裡可以更好，同時也幫助這個社會更美好。

身體健康大大提升

自從做自媒體後，很常在家工作，有時候一天甚至走不到 1,000 步，一年內生了 3 場重病，創下歷史新高！不過，這三天直接走了四萬多步，把遺失的運動能量找回來，我也感覺自己的身體越來越好！

外在的豐盛，都是內在創造出來的

這次搭配到的夥伴大多都是企業主，年薪從百萬到千萬都有，我觀察到這些豐盛的人即使從 0 元開始，也會因為內在狀態的豐盛，而創造出外在的豐盛。

我們從沒錢可以吃飯，接著第二天午餐開始有明蝦、牛小排、薑絲大腸、薑母鴨、烤雞……很不可思議！很多時候，我們不滿意現況，但是當你一無所有，再不滿意也要適應，不懂就問、不會就學。

現在人適應力不足，給自己很多框架、很多執著。有些人

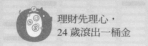
住在外面，如果不是自己的床一定睡不著，不是自己的馬桶無法上廁所……這不行、那個不舒服，這些都是自我彈性不夠，適應力不強，給自己一大堆框架。**當我們的適應力越好，越能彈性接受事物，生活會越來越豐富**，因為框架一旦被打開，等於機會四面八方湧流進來，這樣的人機會多、左右逢源、賺錢機會自然多多。

第3章
保持財運亨通的
好習慣

接受不夠好的自己，
就是在展現強大的內心。

11 變富有的底層邏輯

1997 年出版的《窮爸爸、富爸爸》作者羅伯特‧清崎（Robert Toru Kiyosaki）是如何崛起的？在夏威夷長大的他，一生財富來自於兩個爸爸的引導，一個是親生父親「窮爸爸」，另一個是鄰居的父親「富爸爸」，跟著我一起揭開變富有的底層邏輯思維：

因為清崎的親爸爸很窮，想賺錢的他跑去請教鄰居富商爸爸希望學習變有錢。

富爸爸告訴他，如果想跟我學賺錢，先答應

去打工，工資不高，每小時 3 分錢。清崎按了指示在超市做了 3 週，但這 3 週的血汗錢跟家人吃幾頓餐就沒了。

他跑去問富爸爸：「你不是要教我賺錢，我賺了，但不夠花。」富爸爸問他是否學到什麼？

清崎說：「我感覺到自己很廉價。」

沒錯，付出時間勞力賺錢沒錯，但苦力活就是這樣的感受。清崎要求加薪，富爸爸允諾了，一段時間後清崎又去找富爸爸：「日復一日重複的工作，我感到很無聊。」的確，為賺錢而工作就是這種感受。

姑且不論故事真假，大家從中領悟到什麼了嗎？

- **苦力活不會讓你成為有錢人。**
- **加薪解決不了想變富有的問題。**

看看我們生活周遭工作 10 年、20 年、30 年以上的人，有變富有嗎？沒有。薪水高，欲望也高，買房買車、結婚生

子，加薪越多越努力工作，然後生活開銷越高，背了還不清的房貸，還要旅遊、吃大餐……以至於只能更加努力工作，到了40 歲、50 歲銀行帳戶依舊沒什麼錢，甚至還負債，我看清了這種循環。

我不想要一個始終在原地賽跑的人生，無法想像自己一生就像個機器人上班打卡、下班睡覺，綁在「去工作、付房租、努力輪大夜班、還不清房貸」這樣一個活死人的狀態，這樣即便過了幾十年，財務狀況都還有可能是在原地打轉。意識到這種恐怖生活之後，我開始和清崎一樣，透過各種管道尋找富爸爸（各種學習課程、書籍與資訊），我抽絲剝繭他們的致富之道，歸納出了兩點：

- **有錢人不為錢工作。**
- **有錢人知道最划算且沒風險的投資，就是投資自己的腦袋。**

當我不想再為錢而工作，思考就開始轉換成：工作是為了什麼？工作對我的意義是：過自己想要的生活，可以結婚有個安穩的家、也可以照顧年邁的父母。看到工作對我的人生意義後，我的生活也開始發生轉變。

運用心智圖聚焦管理目標

心智圖是一種「腦袋收納」，能讓你做事更有系統，思考更有效率。心智圖又稱作腦圖，大腦的腦，心智地圖、腦力激盪圖、思維導圖、靈感觸發圖、概念地圖或思維地圖，是一種圖像式思維的工具，以及一種利用圖像思考來表達思維的工具。

心智圖有六大優點：

1. 可以幫助我們聚焦思考，寫下中心主題後，可以讓人聚焦在主題上，進而思考到許多小細節。

2. 洞悉慣性，當你完成許多張心智圖時，你能發現自己思考的習慣，也就是慣性思維。

3. 整理大腦，我們腦袋常會有許多想法，透過心智圖能整理你的大腦，讓你的想法更加有邏輯。

4. 優化想法，如果說你的想法是塊璞玉，那麼心智圖可以雕琢這塊璞玉，讓你的想法變成發光的鑽石。

5. 找出盲點，完成心智圖後，思考會更加宏觀，最後檢

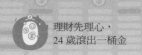

視已完成的心智圖能讓我們看到原本沒注意到的思考盲點。

6. 延伸想法，當你有一個想法時，馬上寫下中心主題再去延伸就能激發更多靈感，非常適合常常需要提案的工作者。

心智圖該怎麼製作呢？可以運用 Xmind 這項免費軟體來製作，也能手繪的方式製作，手繪時可以讓思考更立體，當你有了心智圖的概念後，Xmind 軟體也能輕易上手！手繪心智圖的工具有一張白紙、三種顏色以上的筆。

白紙和筆都準備好後，把紙張橫放在你面前，寫下你的核心目標，也就是心智圖的中心主題。以買房子為例（見圖表 3-1），中心主題寫下存頭期款 500 萬元買房。 接著換另一個顏色的筆，在中心主題的右上角依序列下次要主題，每個次要主題可以是不同顏色的筆，透過不同顏色可以幫助自己記憶，舉例來說，買房的小目標就是學習投資和省錢。

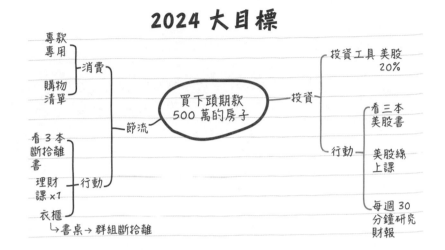

圖表 3-1　運用心智圖聚焦管理目標

學習投資的部分

我選擇的投資工具是美股，預計報酬：20％，那我會需要做三個行動來達成 20％的年化報酬率。

1. 看 3 本美股的書籍

2. 上 1 堂美股課程

3. 每週花 30 分鐘研究財報

落實省錢的部分

我必須做兩件事幫忙自己節流：

1. 每月列下生活必需清單，清單以外的物品皆不購買
2. 將消費帳戶專款專用列管

需要三個行動幫助自己省錢：

1. 看 3 本斷捨離的書籍
2. 上 1 堂理財課程
3. 開始斷捨離

斷捨離的順序分別是衣櫃→書桌→保養品……

當你用心智圖寫下核心目標後，所延伸出來的會是小目標，接著你可以從最末梢的項目依序執行，目標並不是固定的，而是需要隨時調整，因此你可以每一季去檢視並調整小目標，透過每次的追蹤與調整，可以讓你更清楚目標的完成度，如果有卡關的地方也能盡快調整，而不是放著不執行。也建議畫心智圖的紙越大張越好，這樣在思考時才不會受到紙張大小的局限。

我們可以運用心智圖的優點來聚焦管理目標，先設立核心目標，然後將目標步驟化，很多人會在這時候卡住，不清楚自己要什麼目標，或是設立後不知道怎麼把目標拆成小步驟，這時就很適合用心智圖來幫助自己思考。

比起埋頭苦幹只做眼前的任務，設立長遠目標計畫並行動才能獲得更大的回報，心智圖提醒我們不要成為一個只忙於瑣事的人。但是要怎麼讓自己每日的行動朝著一個更大的方向前進，讓自己的忙碌是真的花在有計畫的完成目標呢？這就要從「每週鳥瞰圖」開始做起！

我們必須每週完成三個與核心目標有關的事，而且每次執行 30 分鐘，雖然有時候我們很常一個不小心就被瑣事打亂了節奏，這時候只要先從「週計畫」的鳥瞰角度去看，我們就能讓目標用看得到成效的方式累積前進，也不會讓自己只忙於瑣事卻忘記更大目標。

我的具體方法是先完成目標心智圖，完成後會很清楚知道自己的小目標，接著將小目標列入每週鳥瞰圖，就能知道每一週應該推進的進度區塊。

提醒讀者，這裡說的「每週鳥瞰圖」不是指記事本上預先

排好接下來一週每天要做的所有事，而是指這一週要努力方向
的「鳥瞰圖」（見圖表 3-2）。

本週鳥瞰圖（範例）

運用鳥瞰圖，寫下你當週最重要的
三個任務，寫完後設為手機桌布，
每天提醒自己需專注在完成任務。

圖表 3-2　本週鳥瞰圖

　　每日待辦清單是今日要專注的小任務，我通常會每天晚上
以今日成果，去排出明日的待辦事項。而「每週鳥瞰圖」則是
預排這一週結束前必須完成的「三個重大任務」，這可以作為
我們設定每日待辦清單時的重要方向依據，讓我知道我的清單
是要優先朝著目標前進。

　　在每日的待辦清單之外，再給自己一個「每週鳥瞰圖」，
每週鳥瞰圖有幾個優點：

- 是個人可以掌控的
- 可以引導每日待辦清單的正確方向
- 作為每週檢視的反省依據

總結來說：

- 鳥瞰圖不是所有待辦清單，而是本週最重要的 3 個與核心目標有關的小目標。
- 每週計畫鳥瞰圖的意義在於這是當週要掌控的大方向。
- 每一週開始前，使用模板寫下當週的鳥瞰圖。
- 把週計畫鳥瞰圖放到自己的手機桌布，作為有效的提醒。

12

用錢順序，
決定存錢速度

剛開始的轉變似乎有些難，因為以前我的腦袋裡只有「購物清單」，沒有「存款目標」，當然很難把錢存下來錢，那時每個月可以存下 1 萬元就很不錯，但要達到第一桶金 100 萬元的目標，算算至少要 8 年時間，不免又讓人心灰意冷。

第一桶金不一定是 100 萬元，每個人第一桶金的數字可以不一樣，只要設定一個相對好自己能達成的目標就可以，不給自己創造無力感，反而比較快能達成目標。

第一桶金可以是 35 萬元，我就是一年先存個 35 萬元，這樣 3 年就達到了 100 萬元的目標。有了 100 萬元，我就比

較有底氣開始進行規劃投資理財、以錢滾錢。

我先投放一部分到股票市場，賺 5％的投資報酬率。另一部分，我投資在自己身上，就是繳學費上課。當我學到一個技能，投資報酬回來的是倍數，比買股票還好賺，比如：我花了 3 萬元學習架網站的技能，後來從網站上接到的廠商業配合作，一個案子可能就是十幾萬元，不僅學費賺回來了，還有後續第 2 個、第 3 個的合作機會，賺了比學費更多的倍數回來，投資自己可說是相當划算。

畢業後，如果每年堅持學習一個技能，等到 65 歲，就學會了很多技能，一直持續學習，收入會一直持續成長，完全不用擔心被職場淘汰的問題。

我是寧可年輕窮省點，也不要一輩子「精緻窮」，身邊人動不動就換手機，要用最新的 iPhone，要穿的光鮮亮麗，其實戶頭裡只有零頭，這樣過得精緻窮，對未來沒有規劃、沒有想法，這是一個很可怕的現象。尤其現在手機支付、信用卡支付超方便，一下子就很容易超支。我算是看清楚了現實，慢慢以「斷捨離」的概念，加上「極簡主義」的行動，槓掉「待買清單」上許多項目，只鎖定在自己的確「需要」，而不是「想

要」的項目上，才開始越存越多錢。

我體會到，買到只是「想要」的東西，那個快樂是很短暫的，可能開心一週，感覺就不見了，接著又會想要買點什麼讓自己開心……但是有了「極簡主義」，會讓自己堅持只買好東西，選擇高品質可以用很久的經典款，就不用一直追求新東西，而且奇妙的是，每次看到自己已經買了好幾年的經典款，竟然還是會怦然心動！

薪水下來之後，先儲蓄，再付清應該付的，最後才是生活基本開銷。

領到薪水後，先存錢，再花錢，這個順序很重要。假設必須要存 1 萬元到 3 萬元，就先扣下來，剩下的再來處理。有人會先付清該付的（房租、水電、學貸……），再看看生活費需要多少，能儲蓄多少，這個順序絕對會讓自己的錢存不下來，或存得很少。

我很謹守存錢優先的順序，先把要存的錢放進去帳戶，剩下的錢才來繳信用卡費與生活消費，我盡量啟用信用卡自動扣款（例如：水電費、手機費、保費），自動化幫助我理清帳目，我可以將腦子淨空，處理更多重要的事。

我設計了「**美好生活記帳表**」（見圖表 3-3），使用十分簡單，只要按照食衣住行育樂的項目填寫進去，每個月的金錢流一清二楚。最重要的是，它會提醒下個月「做預算」，這是手帳的獨特之處。之所以會出現很多月光族，就是因為沒有預算限制。

「**美好生活記帳表**」就是月光族剋星。有位粉絲每年都會跟我索取最新的記帳表 1.0 版、2.0 版，她在社群上留言回饋給我，感謝我幫助她每年多存 10 萬元，她是一位小主管，透過「美好生活記帳表」發現自己以往的記帳盲點，也終於知道為什麼自己存錢這麼慢。

「美好生活記帳表」所有公式都已設定好，**每個月只需要花 10 分鐘**去就可以快速整理帳單，順便規劃下個月預算，再搭配 CWMoney APP，留住辛苦的血汗錢（圖表 3-4）。

「美好生活記帳表」適合誰？

1. 想記帳卻沒有頭緒的人
2. 記帳總是 3 分鐘熱度的人
3. 想使用美美的記帳表的人
4. 記帳後，仍不清楚金錢流向的人

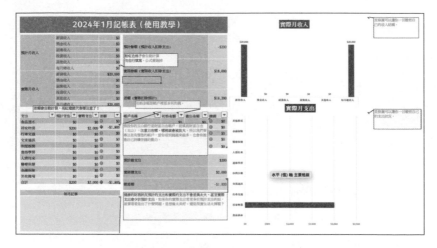

圖表 3-3　掌握金錢流向 —— 記帳

免費下載 Excel 記帳表　　　YouTube 使用教學

圖表 3-4　下載「美好生活記帳表」和影片教學

13 不預支、提升主動收入，維持財務健康

有一個朋友跟我說，如果他能跟銀行借貸 1,000 萬元，那他就擁有 1,000 萬元。當時，我有點同意，回家後想一想，不對，他借貸 1,000 萬元，那他是欠 1,000 萬元。我發現很多人都在「預支未來」，這件事只會讓自己的財務狀況不健康。

只預算不預支，給自己的財務狀況一個健康的未來。原本蘋果樹預計 5 年後才會開花結果，但當蘋果冒出小小果實，就被強摘下來，肯定很酸、很澀，就像貸款。

我們要有意識防止「預支、透支」，這些會對個人經濟狀況傷筋動骨。許多事都是需要累積的，工作能力需要經驗累

積，財富當然也許要時間累積。負債就是把未來的福分提前拿到現在來用，人只要一有負債，整個能量和運勢都會大幅下滑，開始會走一種衰運！

試想一下，假設有個人超出了自己的能力，買下一間豪宅，鉅額貸款是不是會壓得他睡不好或焦慮？如果哪天他被公司裁員，一下沒了收入來源，是否馬上陷入恐慌？

我是一個對貸款說不的人，我不願意自己的生活出現負能量，負債會壓迫生活，本來可以很悠閒自得過日子，可以自主控制生活，安排旅遊、學習，卻因為鉅額貸款，被迫把一些原本可以自我成長的東西放掉，生活陷入被債務壓迫、無法呼吸、不能好好睡覺，造成無形壓力。我堅信「有多少能力，就多做多少事」，千萬不要預支未來福分，盡量維持財務健康，帶給自己正能量。

這裡想破除《窮爸爸、富爸爸》書中有錢人的迷思：「有錢人都是用槓桿原理，先跟銀行貸一筆款，買不動產，再用不動產貸款……萬一還不出來，就惡意破產。」《窮爸爸、富爸爸》作者清崎曾經兩次惡意破產，為了避免賠償金，他完美詮釋了「破產是種策略」的僥倖思維，徹底展現「有錢人」想的

跟我們真的不一樣。

　　雖然這樣的策略的確成功，在律條的保障下沒有動到他個人資產一分一毫，卻賠上了他一生信譽，值得嗎？我們不是書中那些玩弄金錢的有錢人，不需要以那種思維累積財富，思維一旦錯誤就會做出錯誤的決定，想調整根源的狀況，就必須把習慣調整過來，才有機會還清負債，更不要因為電話那頭說，現在信貸利率很低，就輕易借了信貸，以債養債，你要知道借錢很容易，但還款很困難。

　　我也想分享一個觀念，就是**當本金不多時，要快速達到財富自由是相對困難的**，很多人表示討厭工作，但又想財富自由，但我必須老實說，在沒有主動收入的支撐下，想要快速財富自由是不可能的！因為**工作本身就是能簡單且能快速提高收入的方式**，最好的情況是一在提高主動收入，一邊將一定的收入比例存到投資，或是存錢聘請員工，打造自己的事業體，當你存到 10 萬元，投資到 10％的投資工具裡，報酬就會是10,000 元，存到 100 萬元時，一樣投資到 10％的投資工具裡，這樣是 10 萬元，當積少成多，不斷累積本金後，被動收入就能更有感的提升！

所以不要再以為主動收入不重要，通常那些擁有被動收入的人背後同時也有可觀的主動收入，他們因為有龐大的主動收入，間接讓他們有更多資金去打造更多被動收入，所以如果沒有打算提高主動收入，你的財務成長速度就會大大受到限制，這也是我持續專注在本業工作及自媒體工作的原因。

提升主動收入的三大策略

很有人一直好奇我是怎樣蛻變？從一個輪班的護理師，變成現在隨心所欲的自由過日子，我要告訴大家：轉化你的無力感，拿回你的主動權！跟大家分享三個提升主動收入的策略：

第一個是垂直策略

簡單來說就是深耕專業，俗話說三年專家、五年權威、十年大師，只要你能在某個領域耕耘的比較久並深化相關技能，那就會比別人優秀，也會更好的談判能力得到更好的薪資。

第二個是水平策略

就是跨領域結合，假設你的本業是獸醫師，同時學習行銷知識，將兩方面結合後，運用行銷知識建立社群平台，進而帶來更多客源，可能你原本月薪 5 萬元，透過社群平台的經營，進而提升到 8 萬、9 萬元，這就是所謂的水平策略。

第三個是軟實力策略

你可以增加外語能力、業務談判能力，當機會來時，有可能優先被選擇，甚至透過這些軟實力，能讓自己獲得一些職務加給。

我的本業是精神科護理師，之後學習財經、行銷知識，最後將這兩個不同領域相互結合，進而提升主動收入，我算是運用了水平策略。**建議大家在月薪 5 萬元以下時要把本業做好，做好本業都是可以靠我們自己的努力或是進修達成的，讓本業收入不差，這樣隨著能力提升和經驗累積才能確保自己在某個領域上有不可取代的地位，進而可以領到更多薪資。**

心念澄明、不走歪路，擁有正能量。就這樣，我從每天重複上下班、迷茫找自己的日子，慢慢成有 100 萬元的小資族。

有了錢，以前那種無力感漸漸消失，思想格局開始不一樣，我不再為了錢而工作，反而是專注在自己想做的事上，然後，錢就一直跟著自己。

「有錢人不為錢工作」、「有錢人投資自己的腦袋」，有錢人把人生掌控權拿回來，專注在自己想做的事情上，讓錢追著自己。

以前有個同事每天都擔心害怕，因為我們是精神科護理師，病人每天都有不同的狀況出現，我同事每天提心吊膽，不知道明天會不會有病人自殺或做出什麼瘋狂舉動……這些不可控的事，我從來不去想，因為這是一種「內耗」。你問我會不會害怕，我當然也會，但是我知道只要自己一進入上班的思考模式，即使我人已經下班，心思還在上班，就代表我從來沒下班，這樣的狀態只會不斷內耗自己的能量，因此我只專注活在當下，不活在未來，為自己增添無謂的煩惱。

拓展收入來源的商機

以前，除了護理工作，我不會其他技能，所以沒有其他

工作外的收入。那時 Podcast 剛崛起，我開始收聽「佐編茶水間」，這個節目帶給我很多啟發。當我有經濟基礎後，對生活便開始有不同的想像，由於護理技能沒辦法在家工作，而我想要數位遊牧到哪都可以工作，於是思考自己該學什麼樣的技能？方向清楚就開始規劃學習。

自從財商腦袋開機後，發現處處是賺錢機會。我的第一桶金是透過學習不同技能去拓展收入來源，賺錢管道一下變多，分享幾個我覺得很棒的商機：

零成本賺錢

運用自己的專業打造電子書、實體書、線上課程、部落格、YouTube 影片、圖片製作或付費的訂閱制等，這些賺錢的方法都建構在知識與技能上。知識就是我們的最大資產。能夠幫忙別人解決問題，就能提供服務價值，金錢只是服務價值的附加產物。

以經營理白小姐的 IG 為例，我學會了寫文案、製圖、行銷等技能，我就將這些技能分裝販賣來接案，我初期曾經透過寫文案每個月幫自己加薪 1,000 元。

低成本賺價差

利用電商平台（例如：亞馬遜、蝦皮、PCHome……）就是透過在網路上銷售實體商品，首先需要先自付幾萬塊不等來批低價貨，再從中賺取價差。舉例來說，台北「五分埔」成衣批發市場、用低成本抓娃娃機台的高品質商品……這些都是賺錢的方法，只要找到低價進貨，也能成為銅板經濟中的贏家。

隨著網路發展，大家的生活重心和生活模式，已經從傳統媒體變成自媒體核心時代（如 LINE、Instagram、Facebook、TikTok、Podcast、Telegram 等），因應這些市場趨勢出現了：部落格寫手、網站架設、網頁設計、購物網站、線上課程、社群媒體行銷、自媒體經營、剪輯影片或音檔、聯盟行銷等工作機會，這些都是「高收入技能」，都是增加收入的方向（見圖表3-5）。

自媒體好玩的地方就是不斷隨時代趨勢改變，經營 IG 社群的前幾年，我的立場是堅持不懈，現在則是找到自媒體教學樂趣，最近又再突破，從自媒體創業，有了自己的工作團隊。

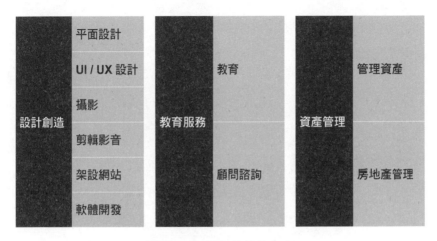

圖表 3-5　增加收入的方向

　　我開始教自媒體經營策略，除了一對一授課，也團體授課。有個學生是瑜伽老師，最近她要開瑜伽教室，她就用到在我課堂上所學的「定位」，定位前她會深入認識自己，然後決定發展個人 IP 流量的方向，開始經營社群營銷，用課堂學到的限動、貼文、內容發想……這些商業策略可以幫助她滾動瑜伽事業。

　　先生也受到我的影響，感染了這種自在工作氛圍，婚後夫妻生活緊密，思維發展不斷提升。我把他帶進我的生活圈，一開始是跟我這邊的朋友出去玩、一起露營。後來，他的頻率發生了改變，以前他不願意付費上課學習，後來竟然願意付費學

習，思維改變後，他把工作辭了，也成為自由工作者願意和我一起向數位遊牧邁進。

以前他是上班族，有很多上班樣式的衣服，他捨不得丟，總覺得還會穿到。我勸他斷捨離，不要再想著總有一天會回到一般上班族工作，而是要有破釜沉舟的決心，讓自己朝真正的自由工作者邁進，他不聽。上課後，他知道提升金錢運需要做好斷捨離，於是當他開始斷捨離不必要的衣物後，自由接案的金錢運一下子就滾動了。有些事情就是這麼神奇，越期待越想控制的越達不到，就像爸媽要小孩要寫作業，小孩不聽，但老師一說要寫作業，學生馬上就乖乖寫。

付費學習敲醒我們自己看不到的盲點，上課一個月後，先生和我分享他有一種找回自己的感覺。**其實，每個人都應該活出自己的天賦，因此當一個人陷入迷茫時，把自己丟到一個學習環境裡，透過契機看見自己與生俱來的天賦，這是早就埋好的種子，發現之後只需要澆灌、等待時間發芽長大，就可以擁有美好、豐盛的人生。**

然而，不是每個人都適合辭掉工作當自由工作者，要看心性適不適合。可以先問問自己：有沒有一種驅動力想要自由工

作？有沒有那種非做不可的理由？如果想嘗試，或許下班後學習是一個很好的開始，先有穩定的本業收入，然後斜槓去做，按部就班慢慢發展，這樣既輕鬆又沒有壓力。所以第一個關鍵是：先有意願，第二個關鍵是：掌握數位工具，最後就能順應斜槓時代做自己。

一個人的心態正確，貴人就會出現。內心的那個正能量，會引領我們走入豐盛。生而為人，每個人都應該建立自己強大的內在素質。活著是根本，賺錢是遊戲，健康是目的，快樂是職責！

| 14 | 勇於跟親密伴侶談錢 |

不同感情階段的理財方式

「談錢傷感情」似乎是華人不言而喻的心理默契，因為朋友、伴侶，甚至是家人間，都很容易因為金錢觀不合而產生摩擦，但我們一段感情中，除了談戀愛，談錢更是重要，我和男友（現在的先生）從學生時期開始交往，遠距離戀愛從18歲到26歲，兩人理財方式調整了許多次：

學生時期

交往時，我聲明了自己是 AA 制，完全不需要他幫我付任

何餐錢、旅費，我覺得各出各的很棒。為什麼堅持一開始就談 AA 制呢？當時我內心有個很強烈的信念：「女生給男生付錢會被男生看不起」、「如果很常是男生請客，那我未來就會被予取予求，因為吃人嘴軟，拿人手短」，況且學生沒什麼錢，吃大餐常常都要存錢一陣子，於是我跟他說：「我不喜歡吃大餐，也不喜歡看電影。」

從這些信念，你大概也已經可以知道，我骨子裡很剛強且深怕被人看不起，我認為經濟獨立，對方才不會看輕自己。

社會新鮮人

出社會後，開始有穩定的現金流，為了讓感情更好，出去玩的頻率增加了，情侶最常一起吃小吃，那些銅板錢如果都 AA 制似乎太客套又繁瑣，我們決定每月都存共同基金 5,000 元，一起出去玩就從中支付。但實行的第一次就發現電子支付太方便，討論之下，不用明算帳只要抓大略金額幾可，彼此互相付出，你來我往，既簡單又單純。

即將邁入婚姻

經過 7 年的磨合，我們都成長了不少！決定邁入婚姻時，我們共同分擔房貸，我先生是保守派，沒有任何投資，存了大筆金額的儲蓄險，一開始我給他看美股投資的線上課程，經過 2 到 3 年，他只看了第一單元，我也慢慢接受這樣的他，因為存錢的重要性遠遠大於投資，比我更保守的他剛好是我的殘缺，彼此互補。

如果覺得跟另一半談錢傷感情，可以自我覺察，自己是不是被植入「錢很俗氣」、「談錢傷感情」、「談錢很利益」的信念？如果和最親密的另一半都不敢談錢，那跟其他人更不可能開口談錢。

談錢先談心的三個前提

談錢之前要先談心，做好和另一半談錢的心理準備，需要幾個前提：

彼此都保持開放的心態

先保持開放心態，不要一味想改變對方，持續傾聽對方想表達的內容。

知道彼此的幸福與財務健全成正比

妥善規劃，避免每月陷入挖東牆、補西牆的窘狀。貧賤夫妻不會百事哀，但金錢觀念不同的夫妻一定百事哀。

積極面對財務危險因子

有時，我們看到對方有些財務上的不良嗜好，總認為結婚後會改、生小孩會改……事實上，現在的他就是未來的他，不要抱有任何期待。看到問題就主動提出討論，例如：對方是月光族、對方時常借錢給朋友、對方有向銀行借貸的習慣、對方使用信用卡循環利息……主動提出討論，一起面對危險因子才是根本之道。

當然，和另一半談錢時不用像開會一樣，板著臉義正嚴辭：「我們來討論一下金錢規劃」，最好從日常中不斷聊天堆砌而成，例如：

- 你有什麼夢想嗎？

- 有什麼一生不做會覺得很遺憾的事？

- 爸媽需要你給孝親費嗎？

- 你每月最多可以存多少錢呀？

- 你想生幾個小孩？你想怎麼養？窮養還是富養？

- 小孩你會想讓他去打工嗎？

- 你 30 歲前想存到多少錢？

- 你覺得要不要上投資理財課？

- 你覺得多少錢才可以退休？你有在存錢嗎？

- 紀念日、生日、情人節、聖誕節、跨年這些節日，我
  們都要送彼此禮物嗎？

面對這些問題，雙方都思考一下心中的答案為何，交換彼
此想法，自然可以在不尷尬的狀況下，明白彼此的金錢觀。

15　投資前，先打造護城河

很多人在存到一筆錢後，會讓自己急急忙忙投入市場，但這樣的行為真的很不恰當，因此投資前，必須先打造護城河，也就是說，每個人都需要一筆「緊急預備金」，不管是上班族、家庭主婦、學生、斜槓族、自由工作者，都應該要有一筆能夠隨時在緊急時，能夠動用的錢，以用來因應各種突發狀況。

顧名思義，這筆預備金就是在緊急時才能派上用場，因為我們最怕的是，緊急需要用錢時，卻發現沒有現金可以動用，只好賣掉股票、基金，導致投資虧損，或是下定決心好好存錢，於是把大量金錢投入儲蓄險，但面臨新的人生計畫或失

業時，卻發現沒有現金可以動用，以至於人生短暫停擺，無法邁向新計畫，也會因為沒有錢可以繳儲蓄險，造成解約的窘境，或是只好向銀行借信貸繳儲蓄險，導致現金流由正轉負的悲劇。

人生很難說會遇到什麼突發狀況。地震？颱風？火災發生？或是有新的人生計畫，需要停擺一段時間無法工作，當我們手頭有緊急預備金，就能從容地停擺，不用擔心一時之間沒有收入！

在開始存緊急預備金之前，我先為自己的緊急預備金帳戶取名，好讓自己能夠很有衝勁的存下錢，我的緊急預備金帳戶就叫做「不怕死資金」，有了這筆資金後，我能因應各種計畫，不管是意外，還是我想轉職的生活緩衝金，只要有了這筆不怕死資金，就能讓我不怕死地去闖蕩，因為取了一個讓自己很有動力存錢的名字，也加快了我存緊急預備金的速度。

那我們需要存下多少錢的緊急預備金才夠呢？其實每個人不太一樣，但我們有個大原則可以掌握。如果你的生活穩定，收入穩定，就像護理師、公務員一樣，而且**單身、不用給父母孝親費，你可以只存 3 到 6 個月的生活費；相反地，如**

果年紀較大、工作不穩定、上有老，下有小需要撫養的話，就需要存 6 個月，甚至是一年以上的緊急預備金。

以我自己為例，我是護理師，還沒結婚，需要給孝親費，因為有記帳的習慣，知道自己每月的生活費大約是 2 萬元，所以我就存了 6 個月的緊急預備金，也就是 12 萬元。

那緊急預備金要存在哪裡呢？

- 第一個原則，要能在 24 小時內領出來。
- 第二個原則，要能夠保有原來的價值，不受市場影響。

能滿足以上兩個特點的就是定存，雖然定存的利率低，還會受到通貨膨脹的影響，但我們存緊急預備金的目的是為了度過難關，並非為了賺取投資報酬，所以不能承受這筆錢有虧損的風險。

第 4 章

理財先理心，
滾錢五心法

每天進步一點點，
就會發現原來自己不只
有這樣。

滾錢心法❶
16 駕馭欲望，成為賺錢驅動力

　　你是不是有太多東西想要、太多事情想做，但是在金錢、在能力上，卻無法實現？有朋友跟我訴苦：「想要的目標都無法實現……」我問她錢都花到哪了，她說：「連把錢花在哪了都搞不清楚？」她住家裡，吃穿不愁，卻仍然存不到錢。她想買一輛特斯拉電動車，但也只能想想，根本沒有錢買！

　　一個人只有當想要的欲望無法達成，才會知道金錢的重要。

　　「欲望」像一把刀，是一體兩面的。如果我們懂得善用，可以利用欲望驅動內在，活出自己心中想要的生活；但是如果無法駕馭它，欲望很容易就成為吞噬自己的人生阻礙。所以，

我經常提醒大家：要了解自己的「欲望」。

你可以檢視一下自己的「欲望」，是冰山浮出水面的那一塊，還是深藏在水面的那一大塊（見圖表 4-1）。**其實，冰山下面才是真實的自我，冰山下的價值觀、信念，才是真正的渴望。** 冰山上浮出水面的那一塊，只是表象，隨時在變化。

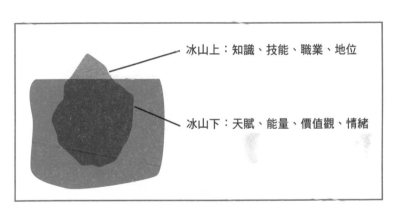

冰山上：知識、技能、職業、地位

冰山下：天賦、能量、價值觀、情緒

圖 4-1　檢視欲望的冰山

探究朋友想要買特斯拉的動機，如果按照冰山露出的那一面，很可能是因為特斯拉既酷又炫，但深究冰山下的動機，她之所以想買特斯拉的原因，因為特斯拉用電，很環保，而且相較加油，充電更能省錢，但是再更深層的探究，原因卻是：希望父母有機會坐著自己買的特斯拉！所以，父母幸福快樂，才是內心真正的渴望。

　　我們應該釐清自己真正的渴望，才容易達成目標。如果不清楚自己的欲望，只追求冰山露出的一角，這樣會很累，因為表象總是無止境的變化、飄忽不定。好比以前的 AI 人工智慧只能寫文字，現在可以做圖、做設計、做影片，浮出的冰山就好像這個世界的知識、技術，隨時更新、與時俱進，是一種現象、表象，只是冰山的一角。而深藏在冰山下的本體，就像我們的潛意識，無時無刻不影響我們，你現在的結果其實都是潛意識操作的結果，你的每一分、每一秒、每個做出來的行為、決定，說出來的話，其實都跟潛意識有關。

　　不追求物質現象，往內心本體深挖，就自然而然會找到對的目標，進而採用正確的方法達成目標，最後打從心底找到真正的快樂與幸福。

　　隱藏在水下的冰山本體卻是如此巨大，這表示我們有太多的意識需要被釐清，釐清自己真正的渴望，才知道真正的目標。一旦你找到真正的目標，在追尋的過程中，是不會感到疲累的。這是一個很簡單的判別的方法，如果依照內心的信念去找目標，卻還是覺得達不到、壓力太大，這就表示：還沒有找到自己真正想要的目標！或許是從旁人得到的建議或符合大眾社會對自己的期待而迫使自己朝向這個目標……

　　真正打從心底想要一樣東西的話，其實是不會那麼有壓力的，不僅不會感到壓力，甚至會感知道：對，就是這個方向！

　　朋友問我：「如果目標是打從心底深處出來的，有沒有可能還是會達不到，半途放棄？」

　　會出現這個問題，是因為我們把目標「量化」了，例如：我要在 3 年內買特斯拉，「特斯拉」成了目標、「3 年內」成了量化的具體做法。但真正的欲望其實是一種狀態，不是一個「里程碑」或一個等著被達到的「任務」。

　　當然，找到深層的渴望，然後將目標量化，這是很具體的執行做法。在訂下「3 年內要買特斯拉」的目標後，可能會有挫折、難過、失望的時候，但是相對來說，調適的能力會很快，因為已經找到真正內心的渴望：希望父母有機會坐著自己買的特斯拉！有了這個清晰目標，在追求、累積的過程中，就算遇到挫折也不怕，反而會覺得挫折是份禮物，是提醒自己調整方法的一種暗示，挫折是為了幫助我們達成目標。當我們找到真正的渴望，就不容易因為挫折而感到失落。而且，即便是繞道而行或放棄，也不會覺得不好。

　　你或許會問：找到了內心渴望，還是會放棄嗎？原本設定

「3 年內要買特斯拉」，目的是：希望父母有機會坐著自己買的特斯拉！焦點目標是在父母。但如果突然父母生病，可能就會馬上改變目標，以前覺得要努力賺錢買特斯讓父母開心，現在可能覺得多陪父母更重要。這麼一來，原本設定好的目標可能被迫放棄，但即便放棄，也還是能達到讓父母開心的感覺。所以，這種放棄並非失敗，而是看見目標還在，只是必須換另外一種方式去達成。所以冰山下的欲望，才是真正的渴望。每個人都該釐清自己真正的欲望，這樣才會快樂幸福。

快樂幸福從來沒有在很遠的地方，就在你的心底深處，在生活當中的每個時刻，只是沒有被發現而已。

常常有讀者和我分享，他們控制不住購物欲，尤其聽到「限量」、「最後一件」、「優惠最後一天」……這種飢餓行銷字眼，就特別把持不住自己的錢包，甚至覺得那些商品在呼喚自己，嘴裡常說不行再買了，可是一旦出門，面對一樣的情境，卡還是會刷下去！

面對這樣的情境，必須先釐清自己：為什麼常常把持不住購物欲、不自覺就衝動消費？為什麼總把快樂與幸福和物質連結在一起？有些人是為了虛榮感，希望能用物品，營造出某種身分象徵；有些人是為了透過買東西，取得權力或是掌控權；有

些人甚至是喜歡偷偷買東西，喜歡違反禁忌所產生的刺激感……

　　我在剛出社會的時候，是有設定存錢目標的，但一年過去，我發現想像與現實有著很大的落差，當時我希望工作一年能存下 30 萬元，但一年過去，我卻只存下 10 萬元，我很納悶這其中到底出現什麼問題？為什麼存錢速度這麼慢？看看我的記帳表，我才發現我有著「過度消費」的傾向，母親節、週年慶、雙十一的消費，我一個都沒少，甚至出國時還因為免稅而買了一堆大容量的保養品，三年過去，我發現很多保養品都還沒用完。這樣的消費方式，似乎沒有提升多少我的快樂和幸福感，後來我才知道自己原來在無形中植入了一個信念：「買東西給自己，等於對自己好。」這樣的想法綁在一起，其實是一種不哭不吵的無理取鬧，也是一種虛榮心作祟。

　　人生快樂的來源非常多，我們不一定要藉由購物來獲得快樂。你可以在運動或是做瑜伽的過程，刺激多巴胺的分泌，來讓自己快樂；或是和朋友聊天互動或出遊，來讓自己快樂。只要我們提升「發現幸福」的能力，就不需要透過物質來提升自己的價值。

　　平視自己，用正確的方式衡量自己、看待自己。

　　有一份很有趣的調查，成功的人士多認為人生最重要的是培養良好人格、與人正確交往、接受教育；但大部分的人都認為，人生最重要的是財富、地位、權力這些可以跟人比較的東西。如果你一直花錢買自己不需要的東西，未來只會賣掉更多你需要的東西，我們應該向衝動消費說「不」！我做了一張衝動購物前的思考點（見圖表 4-2），幫助大家消費前停、看、聽。當你需要有名牌才會快樂或感覺自己需要靠名牌人生升級時，應該要停下來思考一下：**自己的價值，是否只能透過物質來創造**？是否真心接納自己？抑或你只接納花錢時擁有控制感的自己？花完錢，沒過多久你又掉入黑洞，又不喜歡自己了？可以好好思考一下。

買不起六份就別買	有多少能力做多少事
善用購物車功能	等待優惠或先放置一週
屏蔽購物資訊	不需要別人告訴我們適合什麼
想到整理時的累	購物前多一層思考：難道我買它就是為了未來再丟掉它？
多看理想生活樣貌	如果心甘情願為了一時的想要而延遲過理想生活，未來就不要抱怨
記住這句話	「如果你一直花錢買你不需要的東西，未來你會賣掉更多你需要的！」

圖表 4-2　向衝動消費說「不」！

| 17 | 滾錢心法❷
能量層級決定
一個人的財富 |

其實，財富會主動想靠近能量高的人。

當我們是汲汲營營在追著錢跑的時候，我們的能量其實是比錢還要低的。所以，才會覺得賺錢很辛苦、很累。如果自己能量是高的，其實錢會倒過來，追著你跑。請記得：無論如何，把自己活成一種幸福快樂的高能量的狀態。

是不是你周遭也有這種：收入並不高，但從來也沒缺過錢，而且運氣特別好，其實，這種人就是能量頻率很高，因此吸引許多好福氣！美國著名心理學教授大衛‧霍金斯（David R. Hawkins）花了三十多年研究，發現一個有關人類意識的能

量表（見圖表 4-3）

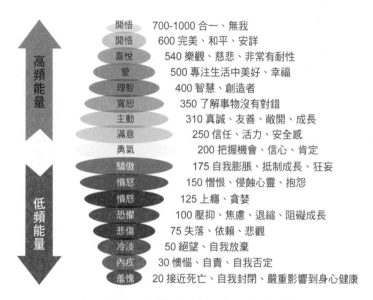

開悟	700-1000 合一、無我
開悟	600 完美、和平、安詳
喜悅	540 樂觀、慈悲、非常有耐性
愛	500 專注生活中美好、幸福
理智	400 智慧、創造者
寬恕	350 了解事物沒有對錯
主動	310 真誠、友善、敞開、成長
滿意	250 信任、活力、安全感
勇氣	200 把握機會、信心、肯定
驕傲	175 自我膨脹、抵制成長、狂妄
憤怒	150 憎恨、侵蝕心靈、抱怨
憤怒	125 上癮、貪婪
恐懼	100 壓抑、焦慮、退縮、阻礙成長
悲傷	75 失落、依賴、悲觀
冷淡	50 絕望、自我放棄
內疚	30 懊惱、自責、自我否定
羞愧	20 接近死亡、自我封閉、嚴重影響到身心健康

圖表 4-3　大衛・霍金斯的情緒能量表

我們可以用它了解自己，檢視自己，向內看自己平時的生活狀態在哪裡。從能量表上，我們可以看到劃分 3 個部分，以 200 為中心，200 以上是正能量，200 以下是負能量。

愛因斯坦的質能方程式告訴我們：物質的本質就是能量。宇宙中的一切，都靠能量的轉變而運作。這個世界上所有的物質都是由微觀旋轉的粒子所組成的，粒子與粒子之間有著不同的振動頻率，粒子的振動讓世界豐富精采。人也一樣，如果經

過科學測試，在不同的環境或狀態下，身體和意識的振動頻率，會讓人大吃一驚。

根據圖表，人類意識一共劃分為 17 個能級，分布如下：

1. 開悟正覺：700 ～ 1000

2. 寧靜極樂：600

3. 平和喜悅：540

4. 仁愛崇敬：500

5. 理性諒解：400

6. 寬容接納：350

7. 主動樂觀：310

8. 信任淡定：250

9. 勇氣肯定：200

10. 驕傲刻薄：175

11. 憤怒仇恨：150

12. 欲望渴求：125

13. 恐懼焦慮：100

14. 憂傷無助：75

15. 冷漠絕望：50

16. 內疚報復：30

17. 羞恥蔑視：20 以下

　　如果你能常常保持自己進入 200 以上，進入正能量級，就會進入人生想要的那份安寧，安定，喜悅和成功的狀態。你發現了嗎？只要是邪念，都會導致最低的頻率。當一個人自私、刻薄、驕傲、蔑視……時，就是在削弱自己的能量。即便是冷漠、絕望、憂傷、害怕、焦慮……都是對自己生命有害的。一旦出現勇氣，狀態就來到 200，勇氣是中性的，往上就是信任、信任就帶來淡定，一切就轉化成有益於自己的生命。

　　正能量互相撞擊引爆更多正能量：主動、樂觀、溫和、寬容、理智、接納，進而達到 500 的仁愛、崇敬，一個能被人尊敬的人，絕對是智者、善者，算是極其稀少的人種了。再往上就更加罕見，進入平和、安詳、喜悅、自在，到達寧靜極樂的 600，最後是正覺或開悟的 700 ～ 1000。

　　當你情緒轉為負面，其實就是生命能量喪失的開始，你會變得脆弱、缺乏活力和動力，更加容易為環境所左右，身邊的一切都會讓你更加不健康。霍金斯教授曾表示，超過 500 就已經會產生強大的能量場，他遇到過的最高、最快的頻率是德蕾莎修女（Mutter Teresa），每個見到她的人，內心都充滿了

喜悅和幸福，當時的振頻有 700，見到德蕾莎修女，他覺得自己的心境也瞬間變得清澈和純淨。但這個世上絕大多數的人，能量都是在 200 以下。

學習能量躍升，是當務之急的事，如果能從 200 以下躍升到 200 以上，人的一生都要發生轉變。

幾乎所有人都是有時能量高，有時能量低，在茫茫人海中浮浮沉沉，隨波逐流，不知所從！能量起伏其實跟你的心緒、情緒相關。我們很容易受到社會的價值影響，被學歷、閱歷、權力、財富、地位等世俗尺度所綁架，依舊在乎冰山上的一角，而不下探冰山下的心靈境界。

你曾經想過要改變自己的命運嗎？霍金斯教授從大量的研究中證明，如果能從 200 以下躍升到 200 以上，人的一生都要發生轉變。能達到 250，開始自信、淡定，就是一個人順意生活的開端。超越了 500，物質財富和世俗名利都變得無關緊要了。

如果你現在活得不如意，一直落在黑暗中，試著覺察自己，消除每個負面念頭，懺悔、認罪，當你這樣做的時候，一瞬間就可以徹底顛覆現有環境，改變磁場，也改變他人對你的

看法，也改變自己的生命。你會更清楚自己的生命價值、人生目標，猶如脫胎換骨，重獲新生。

科學驗證，即使在大腦不能意識到真實的情況下，仍然能測出真實來。透過測試結果，我們看到，事物的真實性即便在人們沒有意識到時，仍然是存在的和不受影響的。所以，當我們發出意識，就會把這個世界上的每個人和每樣東西都連接起來，透過不斷的覺察、反省、認罪、懺悔、就是消除負面情緒的最好方法。這是人生圓滿的祕密，如果我們能融會貫通，將真實的改變一切，幫自己改變命運！除了前述方法，還有什麼方式能提升自我意識等級呢？就是放棄和遠離低能量的東西，盡量和高能量的東西在一起。要會選擇朋友、要會選擇生活中美好的事物，就是閱讀一本偉人自傳、聽一場激勵人心的演講，都是正能量的吸收，總之，要懂得去選擇精采的人事物，這樣或多或少都會提升自己的能量層級。

消費前，看清自己的「心理帳戶」

如果你現在還是月光族、存不了錢，得先自我覺察：賺的錢都花到哪裡去了？在消費前，大家應該看清自己的「心理

帳戶」。

「心理帳戶」的理論是美國經濟學家理查德·塞勒（Richard H. Thaler）提出的，他認為人們做決定時，會傾向於在心裡創造不同帳戶，並依照不同的帳戶去做選擇，而不是依照整體資產來做決定。

其中一個例子是，人們會將收入分成「生活開銷」、「休閒」和「學習」等花費，避免把不同的錢混在一起。但這時候，如果我們有意外之財，像是中發票或中樂透，我們是不是會馬上運用這筆錢買衣服、請家人吃飯、請同事喝飲料，或是買平常不會買的東西呢？大家有沒有發現：小筆的意外之財，是最容易花掉的。但如果是「生活開銷」，我們就會精打細算，小心翼翼地花錢，深怕還沒領薪水前，戶頭就掛零了。

對於意外之財，也就是額外的獎金，我們會抱持著輕鬆的態度把他花掉，對於固定薪水，我們會謹慎花費，原因是心理上我們習慣錢分成不同領域，總是以不同的態度對待同樣價值的錢，並做出不同的決策，這就是「心理帳戶」在起作用。

但其實，同等的薪水、年終獎金和中發票並沒有太大的差別，這些錢都有同樣的價值，假設「薪水 5 萬元」和「中發票

5 萬元」，這兩種 5 萬元都是同樣的價值，但一般人就會對這兩種 5 萬元做出不同的消費決策，雖然這時候你可能覺得沒什麼大不了，但其實店家都會利用這點來引起我們的消費欲望，當我認識「心理帳戶」，我才恍然大悟，原來人與人之間最遠的路，是店家的套路！

現在認識了「心理帳戶」，財商就能更加提升了，我們可以利用「心理帳戶」來幫助自己進行換位思考，常常換位思考有助於我們培養好的思維習慣，幫助我們更加理性消費。

心理帳戶在生活中發揮的作用

我分享三個案例，看看「心理帳戶」是如何在我們生活中發揮作用：

會員制

提前支付可以讓人在消費時減少痛苦，比較典型的例子是：健身房的年費，因為不是按次收取費用，而是在一開始就收取年費，所以使用時就不用再付錢。把付錢和使用這兩件事

分開，人們就會認為自己經常使用，會很划算，但如果改成每去一次健身房就收費，就會讓人放大消費的感受，覺得自己每次去健身房都要花錢，感覺一去就要花錢，久而久之就會減少花費，也會放棄健身。

所以現在越來越多服務性質的店家，傾向於綁定會員，像是：健身、美容美髮、影城、蛋糕店，就連超商都開始實施會員制，因為店家現在越來越重視「會員經濟」，不只吸粉更要圈粉，希望留下更多客人。如果你把會費制的花費和按次收費的花費進行對比，就會發現會員制更吸引消費者，因為在接受服務時，沒有感覺到在花錢，反而可以讓人有更好的消費體驗，但對消費者來說，並不划算。

情感

情感其實是「心理帳戶」的最大枷鎖，你會發現商家常運用節慶來做折扣，或是贈送一些小禮物來促進消費，這些折扣和小禮物對店家來說無傷大雅，但卻可以吸引到更多消費者。

透過節慶，有了情感上的連結，像是：母親節與按摩機，商家會讓按摩機成為「孝順」的代名詞；除夕與家具，商家會

讓傢俱成為「新生活」的代名詞。有了情感上的連結，就算再貴，你也會用商家的廣告來說服自己，用 3 萬元換一個新生活感覺好超值，就開始一連串不理性的消費。

價值感

　　商家會在購買金額小的時候，使用打折的說法，像是：每週二美妝商品打 88 折、75 折；會在購買金額大的時候，直接說出折扣金額，例如：週年慶的「滿 5,000 折 500」，拆解來看，其實「滿 5,000 折 500」換算折數也就是打 9 折，但說成折 500 就會讓人更有賺到現金的感受。

　　房地產廣告標語就不會使用折數來描述優惠，他們不會寫「現正優惠 95 折」，而是寫「現在購買馬上優惠 10 萬元」，麵包店 60 元的麵包會寫「全店麵包半價」，而不是寫「全店麵包優惠 30 元」，透過語句的轉換，要讓消費者明顯感受到價值感，以便刺激消費。所以在購物前，看到這類用語時，不妨換個算法看看，算完或許會發現其實沒這麼優惠，就能降低被操弄的機會。

　　這三個例子都說明了我們的消費欲望是會隨著「心理帳

戶」改變的，當你越來越清楚「心理帳戶」的變化後，就能在每次消費時回歸理性，開始留意生活中形形色色的店家，只有越來越清楚店家是靠什麼方法刺激消費，才能破解店家套路，達到控制消費的效果。

在消費前，將費用換算成時薪，問自己一句：「**要辛苦一陣子，還是辛苦一輩子？**」

其實，我們人需要的東西並不多，但環境刺激了我們的消費欲望，好像我們得擁有更多東西，人生才叫做圓滿，這是一個信念上的誤區，未來我們互相警惕，避免陷入過度消費的惡性循環。

滾錢心法❸

18

改寫來自原生家庭的金錢觀

　　我們所有人在成長發展過程中，一定會受到原生家庭的影響，**除了長相遺傳父母，金錢觀念也會遺傳父母！**父母是最初的老師，有人常常把人生不順怪罪到原生家庭上，有人甚至想透過結婚嫁好人家，換個新家庭、找個富爸爸。其實，我們可以重置原廠設定，一樣可以有個富足人生。

　　以我自己為例，我出生在一個普通的家庭，我的父母都是做勞動力高的工作，因此從小他們就告訴我，你要好好讀書，要當公務人員，這樣才不會像我們這麼累，有鐵飯碗才不會和我們一樣辛苦，工作才不會不穩定。那時才國中畢業的我，對

藝術很感興趣，在我選填美術科系的時候，我爸跟我說，走美術這條路以後會餓死，要不要換一個，因為從小爸媽就和我說鐵飯碗很重要，再加上國中是很容易受同儕影響的年紀，我也受到朋友的影響，最後選擇了護理科系，畢竟當時我認為護理也算是鐵飯碗的工作。

你發現了嗎？因為我的爸媽和我說鐵飯碗很重要，所以我腦袋裡本來就有這個信念，最後再加上朋友的影響，就會選出腦袋裡自覺對自己有利的事情。但其實這個信念的另一個面向，反而阻礙了我去做其他選擇。況且以現在的大環境來說，死守著一份工作到老已經不再對自己有利，反而會慢慢失去離開舒適圈的勇氣和能力、對職涯的想像力也會受限，漸漸忘記自己還有選擇，雖然鐵飯碗可以享有公司福利，但同時也賣斷了時間與自由，而且單一收入就如同把雞蛋放在同一個籃子裡一樣，風險是非常高的！

我的父母沒有學過財商，如果我承襲了父母的思維，渾然不知是非對錯的話，就容易導致理財路上困難重重！

再舉一個例子，媽媽買很多保險，每次都會在我耳邊說：「這個月要繳保險費多少？」於是，保險這件事在我的腦中就

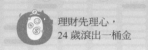
產生了一個念頭：因為要繳保險費，所以我無法買自己想要的東西！我的先生曾經做過保險業務員，以前他只要一跟我講到保險規劃的重要，我就會有點反感，不願意聽，也不太能接受。但是當我專注在投資理財這一塊領域，發現保險的確是可以幫助到人，只要做好風險規劃，做好退休金規劃，保險甚至是萬無一失的投資：第一能保本、第二能有好的複利、第三能分散生活上可能發生的風險，我妹妹前一陣子玩滑板腦震盪，就因為沒保險，自己承擔了許多醫療費用。

原生家庭是每個人成長的起點，也無意間在我們腦中種下很多原廠設定，對個人金錢觀的形成、金錢的管理、理財的習慣與培養，都有很深的影響。

我認識一位化妝師朋友，她說她在 27 歲前，是存不下任何一毛錢的，當時我驚訝的看著她，好奇地問：「為什麼？」她說她媽媽跟她說：「千萬不要存錢，因為下個月有可能繳不出來。」所以她乾脆不存錢，賺了就花，及時享樂就好。直到 27 歲時，全台疫情大爆發，她才意識到自己身上竟然沒有錢可以度過危機，因而正視理財的必要！

金錢在現代社會中扮演著重要的角色，我們應該重新改寫

腦袋的原廠設定，把不好的財富信念調整過來。如果一個家庭強調節儉和財務責任，孩子們就比較能感知到金錢、儲蓄和投資的重要性。相反，如果一個家庭經常陷入負債或過度依賴信用卡，孩子們可能就學到負債和不負責任的金錢管理方式。原生家庭對於個人財務健康的影響不容忽視。

每個人都可以透過學習和自我反思，來改變和發展自己的理財觀念，無意識接收不合理的金錢支出最可怕！保持對金錢的覺察，非被動接收是非常重要的一件事！

理財觀念的形成並不僅受到原生家庭的影響，也會受到社會環境、教育背景、個人經驗和外部因素的影響。有時，我們是被動的接收這些觀念，自己並不自覺，因此**覺察自己所待的環境中包含：主管、同事、上級、朋友和閨密……你身邊最親近的 5 個人所看待金錢的觀念十分重要，因為他們是最有可能影響你最深的人。**

舉一個實際發生在我周邊的例子：朋友 A，每個月都會給媽媽一筆固定的家用，讓母親應付家裡的各種開銷。不過，他發現最近的負擔越來越大了，探究原因，原來是這樣的：

在某個風和日麗的下午，朋友 A 的媽媽問他：

怎麼上網繳網路費？

朋友 A：上網繳的話，有信用卡會比較容易。

媽媽：哎呀！這種電腦的東西，我不是很會。

朋友 A：這樣啊，那我用我的信用卡先繳好了！

結果朋友 A 就把帳單綁定了他的信用卡，每個月自動還款。媽媽覺得這樣十分方便，陸續提出他上網繳電費、水費、瓦斯費……突然，朋友 A 的理財計畫被打亂，除了固定的孝親費，父母家的所有水電雜支開銷，都從他的信用卡中自動扣款。

真是家家有本難念的經，朋友 A 的困擾其實是無形中自己給自己的。雖然談錢傷感情，但還是必須審慎客觀地釐清：自己對金錢的使用和需求。**理財其實就是理生活**，你能覺察到自己怎樣使用金錢嗎？無意識接收不合理的金錢支出，就像熱水煮青蛙，不知不覺就把荷包裡的錢花光了。

滾錢心法❹
調整金錢信念藍圖

19

　　想要理好生活，一定要先理好金錢。金錢不是萬能，只是沒錢萬萬不能。你曾經仔細去看自己的「金錢信念藍圖」嗎？

　　現在，我們來做一個心理測驗，請閉上眼睛，試想：「時間、金錢，你覺得哪一個重要？」

　　選好了嗎？很多人可能認為，金錢比時間重要。但是根據加州大學的統計：那些選擇時間的人，心情更快樂，對生活也比較滿意。

　　現在，我希望你能覺察出自己對金錢的信念，因為「信念」會影響「選擇」，「選擇」會決定「結果」，因此，了解

自己的金錢信念藍圖非常重要！

什麼是「信念」？信念又來自於哪裡呢？信念實際上是你「深信不疑的想法」，對於這些想法你「非常有把握」，如果你相信自己是很性感的人，你就會很有自信的說出：「我真的很性感！」你所散發出的氣場就會帶給人性感的感覺，而當你說出你深信不疑的想法時，別人也能感受到你的自信；相反地，如果我們缺乏信念，或是我們所相信的事情是悲觀的，自然就會帶給別人悲觀的感覺，也會很難充分發揮自己的能力。

平常我們也有許多念頭，但那些念頭就不一定是信念，那要怎麼分辨自己的想法是念頭還是信念呢？就要從你日常你言行去判斷，繼續以性感舉例，假設你說：「我應該很性感」，說話時還駝背、音量偏小，從這樣的言行就能感受到背後的意思是「對於性感這件事，我沒有什麼把握」。這樣對你而言，性感就會只是一個念頭，而非深信不疑的事。

只要你意識到自己的信念有一絲不對時，就要找到源頭，換上新信念。也許有些信念早已深根柢固在我們心中，很難用三言兩語就改變信念，因此需要時間還有持續行動來調整，那要怎麼做呢？

我把轉換信念的過程拆解成四步驟（見圖表 4-4）。

轉念四步驟

1. 意識到自己的財富信念需要修正。

2. 回溯過去，找到信念開始的源頭，了解自己為什麼會有這個信念。

3. 換上新的信念，並寫下來貼在每天會看到的地方，如：房門。

4. 每天看、每天念、每天想，最好是能付諸行動。

轉念的步驟	**STEP 1** 意識到自己的財富信念需要修正。
	STEP 2 為什麼你會有這個信念？信念的來源？
	STEP 3 開始換上你想要的金錢信念。
	STEP 4 每天看、每天唸、每天想，最好是能付諸行動。

圖表 4-4　轉念的步驟

就像我因為意識到，死守著一份工作到老，已經不再對自

己有利。於是，我在下班後，開始自己學習護理以外的投資知識和理財技能，並且打造了自己的個人品牌「理白小姐」，開始多元化斜槓收入，成為斜槓護理師。

意識到自己對金錢的信念要有所修正，然後付諸行動，徹底換上新信念：「**打造多元收入才是真正的鐵飯碗**」。有了多元收入，就能讓我從工作中解放，讓自己的生活更好、擁有更多的選擇。

還有什麼方法能強化信念呢？我們會發現當周圍的人給你支持，會讓你更堅信自己的想法，這是因為我們人是群體動物，容易受到身邊人影響。如果沒有周遭人的支持，就自己支持自己，自己強化信念：**每天看、每天念、每天想，然後付諸行動，盡量以美好經驗增強信念。**

例如：想成為有錢人就開始投資自己、付費學習，因為大部分有錢人都樂於投資自己的腦袋，這種方式可以讓你深歷其境，徹底感受到自己就是真正有錢人的日子，這也是增加美好經驗的一種方法。切記：痛苦的經驗會帶來負向信念，比方說：過去曾經因為投資被詐騙，之後對投資就會感到害怕及不信任。要經常能覺察出不對的信念，將之調整修正。總結來說，

強化正向信念的方法有兩個，第一是「身邊的人給你支持」、
第二是「增加相關的美好經驗」。

只有將限制你的限制性信念連根拔起，邁向目標才不會困
難重重。只有拿掉阻礙你的財富信念，未來在財富之路，才會
走得更順利。

扭轉卡住你的財富信念

所以，現在就來發覺生活中一直卡住你的財富信念。接下
來，我揭示常見的金錢信念誤區，並帶你逐一扭轉：

努力工作是唯一的賺錢管道！

✖ 錯。擁有多元收入才是鐵飯碗。

過去十幾年，我們一直被灌輸這樣的成功路徑。於是，我
們努力考個好大學、找個好工作，我也不意外，我在 15 歲時
就被父母植入這樣的信念，於是拋下我感興趣的美術科選擇了
護理科，對當時的我來說，護理就是鐵飯碗，就算忙，只要肯
吃苦，永遠都有收入。

然而，現在這個時代，真的沒有所謂的鐵飯碗，就算我再肯吃苦、天天爆肝，也會有累垮的一天，加上現在有許多傳染病，哪時被染疫誰也說不準。就算是公務員，不用接觸高風險的病人，也未必是鐵飯碗啊！公務員要看政府的臉色，隨時都要面臨福利減少的情形……**真正的鐵飯碗，其實是擁有多元收入的族群。**不管你是學生、家庭主婦，抑或是其他工作，都必須要有多元收入的觀念，這樣才能在沒有本業收入時，不至於和家人、朋友借錢，或是做些犯法的事來賺取收入。

理財一定要省吃儉用！

✖ 錯。理財不一定是小氣。

這個信念的根本問題是：認為理財只能節流，除了主業，沒有其他的賺錢技能，因此才會只把焦點放在省錢。但真正有效的理財是開源與節流並行，甚至我們要注重開源大於節流，因為開源能創造無限財富。

節流所省下來的錢很有限的，再怎麼省，如果過度壓縮生活品質，就會違背當時理財的本意。當你覺察到這件事後，就能換上新信念「**真正有效的理財是開源與節流並行，而節流是**

基本，開源才能放大財富」。

努力賺錢，會帶來很多健康問題

✘ 錯。沒有錢也會帶來健康問題。

賣命賺錢，容易導致身體狀況失衡，真的是這樣嗎？我觀察了身邊許多有錢人，錢多和錢少的人煩惱可能是差不多的，甚至窮人煩惱會更多。比如生病了，有錢人的煩惱可能是：我要自費做哪個手術？窮人的煩惱可能是：我能做得起哪些手術？你會發現有錢人的選擇比較多，窮人則因為可以選擇的不多而煩惱。

當你有這個認知後，就能將努力賺錢會帶來很多健康問題這個信念給連根拔起，並換上新信念「不管錢多、錢少一樣都有煩惱，只是煩惱的事情不同」，這樣就不會排斥自己去努力賺錢、擁有金錢，在往後的日子裡，就能吸引到金錢，進而成為金錢磁鐵。

上班的唯一目的是為了賺錢

✘ 錯。上班不僅能賺錢，還可以學到很多東西。

　　如果只用這樣的角度去看，上班就是為了「生存」。一天當中，我們至少有 8 個小時在工作，人的一生至少有 80％ 的時間都在工作。這麼長的時間裡，如果認為自己只是為了「謀生」，基本上會讓自己很不快樂。面對有這種想法的人，我就指引另一種思考方向，上班可以學到很多不同的東西，面對不同的人際關係，也會學到做人處世的道理。透過與人的連結，可以發現客戶的需求或市場上的需求，也許就能從中找到創業的機緣或機會。

我不會成為有錢人

　　✖ 錯。財富容器是靠自己拓展。

　　有些人光是想到：「1,000 萬退休金、2,000 萬退休金、3,000 萬退休金……天哪！這個數字好遙遠，想都不敢想！」月薪只有 3 萬元、4 萬元、5 萬元，是要怎樣存到 1,000 萬退休金？

　　其實每個人都有個「財富容器」，如果一直認為自己不會有千萬，只有 3 萬元、5 萬元，那麼可能自己的「財富容器」就一直只有這個錢在裡面。所以，一定要先拓展自己的「財富

容器」，相信自己會有錢，人生會更豐盛，這樣思考會讓自己
的能量頻率是高的。這就要再回到上面我提到的能量表，只有
當你的能量是高頻的時候，錢才會被你吸引。

我不喜歡、不會，也沒有時間理財

✖ 錯。越不喜歡越要理財，越不會越要理財，越沒有時間越要理財。

這是多數人的信念，這個信念的背後會阻礙自己學習投資
理財。你是否想過？投入理財到底會花掉自己多少時間？

如果只做基礎的投資理財，可能每天實際花不到 10 分鐘。
如果每天短短 10 分鐘，就把自己的理財做好，掌握好金錢，
才能掌握好人生，人生才會更好。所以，越沒有時間，越要理
財；越不喜歡理財，越要理財；越不會理財，越要學理財。只
有這樣，你才會越來越有時間，生活越過越好。

金錢很髒，是萬惡的根源

✖ 錯。錢本身沒有問題，是使用者的問題。

如果家人常常因錢爭吵，或者親友因錢翻臉，可能就會在心中認為「錢是不好的」、「談錢傷感情」、「錢會帶來痛苦」……這種想法。其實錢這個東西，本身是中性的，它沒有好與不好，善與不善，而是在於：自己如何使用錢？讓錢可以發揮出它的價值？所以不是「錢主導你，是你主導錢」。

根據自己的時間來計算報酬

✖ 錯。評估績效來計算報酬，財富才不會有天花板。

時間是有限的。用時間來賺錢，終究是抵不過用績效來賺錢的。真正獲得財富的人，都是用績效賺錢，因為時間有限的，績效卻是無限的。如果你一直想著要用自己的時間來賺錢，這樣獲得的財富也會是有限的。

如果你願意提升自己的能力，提升自己的個人價值，幫助自己或公司獲得更高的績效，這樣的財富獲得，才有可能發展出無限的可能。

20

滾錢心法❺
理財口訣：賺存翻

　　你是不是對未來感到無力？別說現在的年輕人是「躺平族」，在萬物皆漲只有薪水不漲的情況下，連我都有過躺平的想法，因為一個月幾萬的薪水，隨著房價、物價越來越高，再怎麼努力存錢想買房，也趕不上房價漲的速度，想買房最後可能是竹籃子打水（換來一場空）。當時我也嘆氣：「再努力也買不起，不如現在就躺下！」直接躺平，享受當下，告訴自己不曾努力過，這樣還比較不沮喪！

　　然而，內心的驅動力讓我有了堅定不移的目標。如果我躺平，爸媽家人怎麼辦？於是，我開始試著每天下班努力一點

點，避免讓自己仰賴一份薪水，不斷地創造不同的工作和理財投資組合，讓自己不單單只有一份工作收入。

剛起步時，也是挺茫然的，不知道要怎樣開始。但是，只要開始，永遠不嫌晚。有時間找藉口放棄，不如花時間找方法成功。

漸漸，我摸索出一條路：**躺平，是一種無力感；多元，是一種富足感！**當知道自己的工作岌岌可危（可能被 AI 取代）、或危險度極高（疫情要上場的第一線醫護人員），如果我還能有其他的收入來源，就會多一份安心。尤其當自己擁有多重收入管道時，戶頭裡的數字不斷增加，存款越來越充裕，對未來就越來越充滿期待。

我把多元收入管道分為以下幾種，分別是：副業、投資、創業：

1. **副業**：講師、外送、接案、販賣濾鏡、家教、團購主、空間或設備出租……

2. **投資**：股票、債券、ETF、基金、房地產、虛擬貨幣、創業投資……這裡的創業投資指的是：用金錢或技術

入股別人的新創公司。

3. **創業**：創業包含傳統創業、微型創業、網路創業，包含：
開店、自助洗、微商、直銷、APP 開發、遊戲機台、
個人品牌、自媒體、經營電商（像是亞馬遜或蝦皮）
⋯⋯

仔細一列，你會發現增加收入的方法百百種，所以努力工
作不會是唯一的賺錢管道，只差你有沒有花時間、精力去研究
並且親自嘗試！

想財富自由，得先從「賺」的方向去思考：**要賺「倍數」，
而不是賺「趴數」！**

關於賺：賺「倍數」不賺「趴數」

學生時期，我就開始打工，高中是到飲料店打工，時薪一
小時 90 元。拿到護理師執照之後，我又去中醫診所打工，時薪
是 150 元。之後到醫院工作輪三班，餐費、加班津貼等項目加
起來，平均下來是時薪 220 元。大家有沒有發現，從高中 16、
17 歲，到大學畢業 22、23 歲，當中經過了 5 年的時間，時薪

只有小幅度的成長，從 90 元漲到 150 元或 220 元。但是當我學了高收入技能，一下子時薪就翻了好幾倍，從 220 元到 2,000元，甚至更高。我記得最早接到校園演講邀約，那時一堂課是講師費 2,000 元，直接就翻了 10 倍。所以別以為，只有投資股票、房地產或虛擬貨幣才有可能讓錢翻倍，那種投資不但資金要充足，風險也大，賺到的也只是「趴數」。然而，有一種投資是絕對穩賺不賠的，賺到的錢不是趴數，而是「倍數」。

哪種投資呢？就是「**投資自己**」。

以「架設網站」來說，委託別人架設一個基礎網站，最少要花上 3 萬元。如果自己去學會架設網站這項技能，大概也差不多要花費 3 萬元的學費。這個時候，請問：你是選擇花錢委託別人為自己架網站，還是花錢自己學習如何架設網站？

我選擇後者。同樣是花錢，我決定學會如何自己架設網站，學了這項技能，我也可以收費去幫別人架設網站，這樣不但能把學費賺回來。後來，我發現自己對架設網站沒有太大的熱忱，也不符合我的天賦，於是還是會請更專業的網站專家架設。

於是，我逐漸發現：如果能夠不陷入時間的泥沼裡，就能

夠跳脫出時間，自如運用時間，提高時間的單位價值。

　　大家想想看：時薪是 150 元的時候，一個月要工作 200 個小時，才有可能賺到 3 萬元。但是如果時薪拉高到 2,000 元呢？一個月只要工作 15 個小時，就有 3 萬元的收入了。同樣是賺 3 萬元，花 200 小時工作與 15 小時工作，是不是差很大？光是時間差，就省了 185 個小時，這 185 個小時可以讓我多做很多事，比如：陪伴家人、閱讀、健身、旅行、學習更多技能……

　　同樣是賺月薪 3 萬元，你是希望以時薪 150 元，工作 200 個小時賺到 3 萬元，還是希望只要工作 15 個小時，就能賺到 3 萬元呢？（見圖表 4-5）

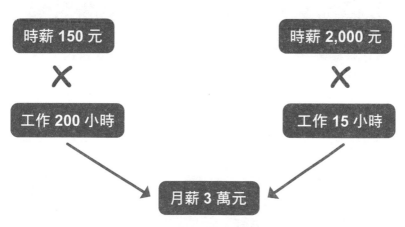

圖表 4-5　你希望以哪種途徑賺到 3 萬元？

　　我想每個人都希望是用最少時間賺最多的錢。既然如此，就要思考：什麼樣的工作，可以用較少的時間賺到較多的錢？答案是：「高收入技能」。

　　「高收入技能」聽起來，好像是要有特定的背景、專業執照、高學歷才有可能，比方：律師、工程師、醫師……這些人確實是擁有高收入的一群人。但擁有「高收入技能」，並不一定要有「高收入工作」（見圖表 4-6）。事實上，「高收入技能」不需要特定的學歷和背景，只要我們花時間和精力培養，一樣可以獲得高的收入。

圖表 4-6　「高收入技能」不等於「高收入工作」

「高收入技能」的 4 大特色

　　那麼，究竟什麼是「高收入技能」呢？「高收入技能」就是符合市場經濟價值的技能，「高收入技能」有 4 大特色，歸

納如下（見圖表 4-7）。

1. 收入高
2. 不受產業衝擊
3. 不需要特定學歷
4. 注重創造價值

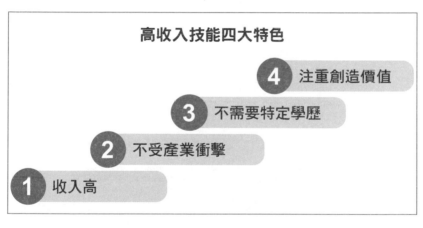

圖表 4-7 「高收入技能」特點

收入高

一般高收入技能的時薪可以超過 1,000 元以上。但過去我們對於「高收入技能」的印象，無非是醫師、律師、工程師、會計師等「師」字輩，其實，他們的工作是很容易受到年資或其他不確定因素的影響。以醫師為例，我之前工作的那家醫

院，發生過一件醫師桃色風暴事件，一位病人控訴主治醫師，引爆桃色糾紛，新聞鬧得沸沸揚揚，連帶危及醫院的聲譽。後來，那位醫師被迫離職，他幾十年的工作累積一夕之間消失，不但沒了工作，退休金也不保。「高收入技能」和高收入工作是不一樣的，**「高收入技能」不一定需要高學歷，如果你的技能能創造高價值，一樣可以有高收入。**

不受產業衝擊

「高收入技能」與時代趨勢有關，這種技能可以在市場裡面發揮價值，通常供不應求，人才相對比較少。比如疫情發生時，「平面美術設計」或「網頁美術設計」特別炙手可熱，因為各領域都要趕緊轉實體市場到線上運作，時勢造英雄，「高收入技能」與時代趨勢有關。然後，就算是沒有疫情出現，「平面美術設計」或「網頁美術設計」這種專業，也是各產業需要的。這種工作可以隨時變換接案的對象，因為線上就可以運作結案，不會像「廚師」這種工作，環境時空十分受限，一旦疫情發生，馬上就會受到波及。

不需要特定學歷

現在是大學學歷滿街跑的時代，根據內政部資料統計，進入大學就讀不再是窄門，台灣接受高等教育人口的比率，位居全球第二，甚至只要不是零分就可以考上大學。研究生碩士的學歷又更多了，高學歷到處都是，反而凸顯了專業的重要，就**連知名的國際型的大企業如 Google，也不一定會看學歷，而是注重能力與專業技能**，所以當一個人自我能力提升，不管學歷如何，能提供的價值越高，收入就會越高。

注重創造價值

「高收入技能」更注重的是：**創造價值**。以「家教」為例，同樣是老師，A 輔導的是一位國小生，B 輔導的是一位要考研究所的大學生，請問：這 2 位老師的家教費，誰比較高？當然是 B，因為教學的價值不同，家教費自然也不一樣。

擁有高收入技能，不只可以幫助自己賺更多錢，還可以增加自己的競爭力，只有好處多多。而且，學會的技能越多，收入更多，完全沒有限制，甚至可以從「受僱者」轉為「自僱者」。

當我看到市場需求，便開始學習「高收入技能」，也幫助自己賺了更多的錢。「高收入技能」讓我打開了多元收入的機會，我可以靠自己的專業能力和知識增加收入，不再用時間換金錢，並且擁有安排時間的自由，讓收入沒有天花板限制。

七大高收入技能

下面是我歸納出來的「七大高收入技能」（見圖表4-8），提供大家一個學習的方向，大家可以學好一個技能，再進入下一個技能。

七大高收入技能	
溝通	與特定受眾溝通、傳達理念，說服對方產生行動
經營自媒體	經營自有媒體，透過累積粉絲、讀者、聽眾、觀眾賺取收入
銷售	透過線上或線下分享產品，只要達成銷售即可賺取分潤收入
自有產品	自己開發產品滿足市場上的特定族群
設計創造	洞悉使用者的需求，進而打造適合的素材或環境
教育服務	運用個人知識或技能以提升客戶能力或解決問題
資產管理	協助客戶讓資產增加，收入會隨著管理資產的增加而提升

圖表 4-8　七大高收入技能

溝通

以寫文案為例，你會覺得「提筆千斤重」嗎？其實，寫文案也是一種鈔票力，只要你能找出目標消費者最在意的點，你的文案就具有十足的吸引力！好比說手機，上班族在意的可能是「品牌和功能」，年輕人在意的可能是「防水和防摔」，能寫出精準對應客戶需求的文案，能產生與顧客溝通的文字魅力，也是一種「鈔能力」。

有關溝通的高收入技能包含：文字撰寫、談判、公眾演說、語言能力（翻譯），所以不只有有寫文案，有效提升表達力，讓自己能影響更多人也是一種高收入技能。

經營自媒體

像是建立個人品牌、部落格經營，自媒體是一種自我表現，可以自我實現，我身邊有很多自媒體朋友，從斜槓創作者，一路變成自媒體創業家。經營自媒體最棒的地方就是：「自我成就感」，經營自媒體會有極大的自我滿足感，不論創作的主題是什麼。因為光是「輸出」就是一種自我表達，這種表達能為自己帶來更多的自信！

　　經營自媒體是一種極低的成本投資，只要開始發文，經營社群，就會逐漸有觀看人數、訂閱數字、按讚人數、粉絲留言，創作者會感到滿足且獲得成就感就，並且有機會透過流量變現，打造多元收入組合。自媒體經營者常見的獲利方式有：廣告、業配、聯盟行銷……還會出奇不意獲得許多跨領域的優秀人才與品牌的機會，藉此開拓視野與人脈。

銷售

　　很多大老闆其實都是業務出身，賈伯斯、馬斯克都是。誰說業務一定要口才好？沒口才的馬斯克，講話結結巴巴，憑著自己的信念讓特斯拉成為全球頂尖電動車龍頭。溝通也不一定就只限於口才，身體語言、簡報、場域都是溝通的工具，如果能夠善用溝通工具，提供顧客需求，也能擁有高收入。據統計，台灣目前年薪 200 萬元以上的上班族，高達七成以上都是業務出身，更有六成以上的主管階層，年輕時都曾當過業務！

　　有關銷售的高收入技能就包含了七大項：社群媒體行銷、內容行銷、SEO、聯盟行銷、電郵行銷、廣告投放、經營電商。每一項都是個別的專業技能，不限於實體銷售，線上銷售的能力更是網路蓬勃發展的時代需要學習的能力！

自有產品

創業的形式很多，一個人也可以有小額創業的機會。你可以利用自身專業技能，透過線上的教學課程賺取收入。例如：英語很好的人可以利用自媒體英文教學，甚至出自己的英文教學書、英文教學工具、錄製有聲書、線上課程……

設計創造

平面設計、UI/UX 設計、攝影、剪輯影音、架設網站、軟體開發，這六大項都是屬於設計創造的高收入技能，特別是剪輯影音在短影音盛行的時代裡，更是我們可以去研究和培養的能力，如果學起來，其實也能幫自己加薪不少額外收入。

我有一位學員，社工轉職後就開始經營自媒體，越經營越有熱忱，累積了不少歐洲旅遊短影音的作品集，後來透過人脈媒合，接到短影音製作、自媒體經營的案子，每月就幫自己加薪至少 4 萬元！

教育服務

除了開創自有產品，如果自己擅長特定的技術或知識，像

是投資理財、收納整理、美妝等，隨著時間久累積客戶量，也可以借助知識平台開設線上教育課程，或是從事一對一的顧問諮詢和輔導。

資產管理

當自己成功了之後，應該再進步，提升自己的服務，轉而幫助別人資產管理。可以將自己一路摸索而來的經驗與心得，整理成為一人創業的全攻略，包括：資金需求、優缺點、潛在風險等，成功協助客戶做好資產管理。

然而，這七大高收入技能，都脫離不了「文字撰寫能力」。溝通、社群貼文需要文案，影片也需要文案，網頁更需要文案，銷售、自有產品都需要行銷文案。文案撰寫能力可以說是一切商業價值的基礎，如果能有好的文案撰寫能力，可以為自己帶來巨大的收益。

多重收入水管降低人生風險

最近，我有個朋友失業了，他本來是受雇於一家知名的跨

國企業，突然間就被裁員了。上次見到他，感覺他非常沮喪，我心想：如果他有多重的收入來源，即便被裁員，也不至於驚慌失措！

舉例說明，同樣是在職場工作，小明和小藍的心境就不一樣，小明每天愁眉苦臉，小藍每天心情愉悅。為什麼？

小明的這份工作月薪 10 萬元，工作壓力不小，每天戰戰兢兢，深怕職場上有什麼閃失，飯碗就不保。

小藍也是月入 10 萬元，但是薪水來源的組合是：上班月薪 4 萬元、投資 2 萬元、房地產收租 2 萬元、網拍賺 2 萬元，全部加起來一個月有 10 萬元的收入。少了任何一個收入水管，其他的收入都還能維持住，即便被裁員也不會立刻陷入零收入的窘境，所以心情輕鬆愉快。

試問：你會選擇當小明？還是小藍？

新冠疫情爆發時，身為護理人員的我們，說實話，很多人是沒有選擇餘地的繼續工作，即便自己也很害怕確診，但是因為也沒有其他技能，一時無法轉職，也只能冒著風險繼續工作。

當時，我已經有自媒體的收入來源，不同於其他人的別

無選擇，所以能華麗轉身。不是我不願意到第一線幫助病人，而是我本來就預計好護理工作三年後轉職，有了明確的生涯規劃，毅然決然選擇了離開護理師的工作。現在回想起來，很慶幸當時我能有不同管道的收入，讓自己有更多的選擇。

高收入技能變現三大元素

在這裡要破解一個迷思，很多人以為：學了「高收入技能」，馬上就能賺錢！其實不然，擁有高收入技能，其實只是具備了技能而已，不一定可以馬上變現，還必須要加上人脈、技能與行銷能力。

就好比說，文字工作者有寫文案的能力，但如果沒有相對應的人脈，不會行銷自己，也沒有辦法擁有更多案源，產生無法變現的窘境。

當你擁有了高收入技能，還要搭配人脈與行銷能力，「人脈、技能、行銷」這三個元素缺一不可。這裡我會建議，大家最好要經營自媒體，便彰顯個人品牌，這樣才能進一步將「高收入技能」發揮得淋漓盡致，讓高收入技能變現。

高收入技能者要有創業家思維

擁有「高收入技能」的人，最好能同時擁有「創業家的思維」！

舉例來說，如果自己已經學會了架設網站，當朋友找上門要給自己一門生意做網站，自己卻說：「你要架設網站啊！我是會架，但是你找別人也沒有關係……」這種生意上門卻往外推的例子，等於是拒絕財神爺上門。不管自己是害怕賺朋友的錢，或是自謙之詞，既然生意進門，就應該自信接下案子，讓既是朋友又即將成為客戶的對方放心。

試想一下：創業家會如何應對，接下這門生意呢？當然是承諾全力以赴！要接下生意，就必須展現自我能力，營造口碑相傳，案子才有可能一個接一個。如果沒有展現自己的誠意，即便是有了高收入技能，心態不正確，也很難變現。

關於存：看重「複利」大於看重「單利」

前述所提的都是「賺」，「賺」到了錢，要能「存」下來，錢才是自己的。

存錢要越早開始越好，越早存錢，越能讓「錢滾錢」。

關於存錢，先教大家一個小祕訣：為帳戶取名字。一個帳戶是「有錢人帳戶」，表示這個帳戶的錢是動不了的；一個帳戶是「自由帳戶」，表示個帳戶是讓自己未來財富自由的帳戶，每次從這個帳戶進出的錢，都必須是經過深思熟慮之後的行動與決定；另一個帳戶叫做「FIRE 帳戶」，這是一筆緊急預備金，如果哪一天未來要 FIRE 老闆，這裡就是緊急預備金。

我身邊很多朋友，都是「領薪水當一日富翁」。一拿到薪水就把之前渴望的購物清單買起來，跟家人朋友大吃一頓，最後想存下來的錢寥寥無幾，名符其實的月光族，每月花光光。

其實，應該倒過來。一領到薪水，馬上直接把錢匯到「有錢人帳戶」，並且切記：只存不領！

為什麼逼自己存錢那麼重要？

當你有第一桶金 100 萬元的時候，只要找對投資報酬率的工具，好比買到一支有 5％報酬率的股票，一年就可以領到 5 萬元的被動收入。想想看，如果你有十桶金呢？一年就可以領到 50 萬元的被動收入，這樣，是不是日子很舒服了？

　　另外，我會把「有錢人帳戶」的提款卡藏在一個找不著的地方，不方便領就不會去領。總之，存錢方法要越簡單越好，花錢方式要越困難越好。如果想要花錢，就用「自由帳戶」，我會把自己的提款卡密碼與「自己最在乎的那個人」相連結，這樣每次要提款，就會再三斟酌；或者，也可以把密碼設為跟自己最期望的事物有連結，比如：買車那天、存到頭期款那天，時時刻刻激勵自己。

　　存錢不會很難，關鍵就在於：你有沒有存錢的目標與夢想。你得找出最適合自己的存錢方式，才能輕鬆的存下錢來！我推薦給大家一個「**52 週存錢法**」，這個存錢模式會讓你離 100 萬元越來越近！

52 週存錢法

　　選定一個好記的時間，比如：元旦（1 月 1 日），買一個打不開的存錢豬公，第一週，先存 10 元；第二週以後，每週再比前一週多存 10 元……這樣 52 週後，就能存下 13,780 元。

　　只要每週存下這些小錢（零錢），會讓存錢變得有趣，日積月累就有很可觀的一筆錢。

　　我們來看一個例子：同樣存 100 元，一個是單利 10%，一個是複利 10%，兩年後，誰存的錢比較多？當然是後者。

　　金錢的時間價值，就是越早開始複利越好（見圖表 4-9）。

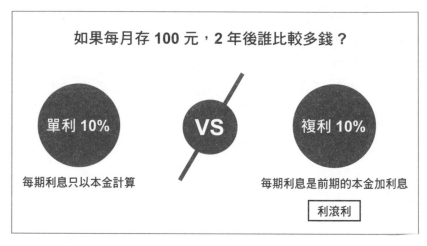

圖表 4-9　什麼是單利？什麼是複利？

我們再看一個例子（見圖表 4-10）：

小明 18 歲開始投資，每年存 3,000 美元，存到研究所畢業，共存 8 年，之後不再存錢，60 歲退休。

小美 25 歲讀完研究所開始投資，每年存 3,000 美元，存到 60 歲退休，共存 35 年。

假設複利都是 10％，誰存的錢比較多？

小明 18 歲開始投資，每年存 3,000 美元，存到研究所畢業，共存 8 年，之後不再存錢，60 歲退休。

小美 25 歲讀完研究所開始投資，每年存 3,000 美元，存到 60 歲退休，共存 35 年。

? 假設每年複利 10%，錢存了就不領出，誰存得比較多？
A. 小明　　　　　B. 小美　　　　　C. 差不多

圖表 4-10　誰存的多？

答案是：小明。

在複利的滾動之下，小明最後滾出 946,128.97 元；小美只有 897,380.42 元（見圖表 4-11）。

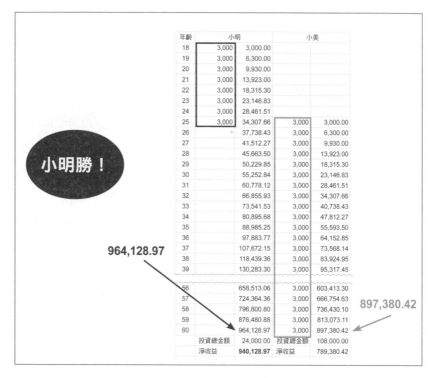

圖表 4-11　存錢要趁早

　　這個例子告訴我們：存錢要趁早，越年輕越要學會存錢。每月只要定時養成存錢的習慣，即使利率可能只有 1％，四十年後也都會成為一百多萬的富翁，有了 100 萬元的這一桶金，再將之放在穩健的投資上，任何人都可以成為小富翁或小富婆（見圖表 4-12）。

> **定期定額把錢放在穩健的長期投資上**
> **任何人都能成為「小富」**

圖表 4-12　誰都能成為富翁

先別急著吃棉花糖

其實，富有與貧窮之間的差異，在於何時吃棉花糖。美國史丹佛大學做了一項實驗：把小孩子單獨留在房間，給他們一人一塊棉花糖，他們可以自己選擇要馬上吃掉棉花糖，還是多等 15 分鐘再吃。如果願意多 15 分鐘，就可以再多獲得一塊棉花糖。

研究人員發現，能夠多等 15 分鐘的小孩，長大以後，比那些馬上吃掉棉花糖的小孩成功。

「棉花糖理論」給了我們一個啟示：成功與失敗的差別，並不光是努力工作的程度或是夠不夠聰明，而在於擁有「延遲享樂」的本事。

「不急著吃棉花糖的人」多半都可以獲得高度的成功，而

一拿到棉花糖就馬上吃掉的人，總是債務累累，無論在工作還是收入上，都心存怨懟。

大多數人一畢業，都是低薪族，每個月薪水區區 25,000 元到 35,000 元，房租占去一大半，想要翻身，有可能嗎？絕對可以，只要，你別那麼急著……吃掉棉花糖！

愛因斯坦常說：「複利的威力大於原子彈！」（見圖表 4-13）凡事要從長遠來想，一塊錢的倍數累積 30 天，會超過 5 億元（見圖表 4-14）。

複利的威力遠大於核子彈

圖表 4-13　複利的威力

第 1 天	1	第 6 天	32
第 2 天	2	第 7 天	64
第 3 天	4	第 8 天	128
第 4 天	8	第 9 天	256
第 5 天	16	第 10 天	512

第 11 天	1,024	第 21 天	1,048,576
第 12 天	2,048	第 22 天	2,097,152
第 13 天	4,096	第 23 天	4,194,304
第 14 天	8,192	第 24 天	8,388,608
第 15 天	16,384	第 25 天	16,777,216
第 16 天	32,768	第 26 天	33,554,432
第 17 天	65,536	第 27 天	67,108,864
第 18 天	131,072	第 28 天	134,217,728
第 19 天	262,144	第 29 天	268,435,456
第 20 天	524,288	第 30 天	536,870,912

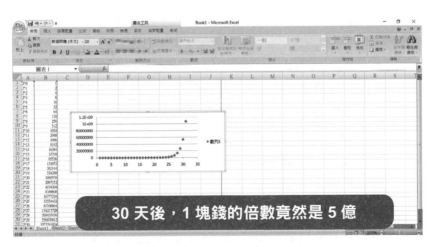

30 天後，1 塊錢的倍數竟然是 5 億

圖表 4-14　一元如何成為五億

如果我們能夠專注延遲享樂的訣竅，少花一點，多存一些！（見圖表 4-15）就等於向財富自由的目標成功邁出了第一步。

存錢	
為帳戶取名	如：有錢人帳戶、自由帳戶、FIRE 帳戶
儲蓄自動化	拿到薪水的隔天自動存錢到另一個帳戶
存錢帳戶不使用提款卡	存錢越簡單越好，花錢越困難越好
密碼設為在乎的人事物	買車那天、存到頭期款那天
52 週階梯存錢法	一年可以存下 13,700 元
重視金錢價值	發票中獎的 200 元和口袋的 200 是一樣的，意外之財也要好好規劃運用

圖表 4-15　存錢的方法

關於翻：「現金」跟「現金流」不一樣

會「賺」，會「存」了之後，要懂得會「翻」，讓錢追著自己越滾越大。

這裡給大家一個概念：「現金」是一次性的一筆錢。但是「現金流」跟流水一樣，是持續可能會源源不絕流入口袋或

流出口袋，看懂現金和現金流，就可以抓出「漏財蟲」。

首先，掌握收支管理。

大家可以先從收支分配與記帳開始，清楚掌握每月可以拿出多少錢做投資？收支分配過後，就要落實記帳。從來沒有記過帳的人，是無法優化自己理財規劃的，因為數字這種東西是一清二楚，模糊不得的。1 元就是 1 元，不會憑空變成 10 元。有次我跟一位粉絲對談，當我問他：每月的生活費是多少？他憑感覺告訴我生活費大概占收入的 40％，結果真實整理帳務之後，他才發現自己的月生活費竟然高達收入的 70％！

對數字清楚，才能有效進階分配

不習慣細節記帳的人，可以先按比例分配，等到自己習慣了初階的收支分配，再將金流分配得更細，並且加入理財目標，例如：出國念書、買車、買房……關於如何作帳，大家可以參考第 12 章節的「美好生活記帳表」，掃描 QR Code 即可下載使用，裡面所有公式都已設定好，每個月只需要花 10 分鐘就可以快速整理帳單，留住辛苦賺來的血汗錢。

當我們認真努力工作、尋找多收入來源，主業副業都賺，

又按部就班存錢，之後就可以從「人存錢」變成「錢滾錢」。

掌握「存股」與「定期定額」的波段操作

　　辛苦賺來的薪水，如果因為投資變相縮了水，那可得不償失！在通膨升溫、經濟不景氣的時代，誰也不想讓自己投資虧本。如何透過分批買賣的方式分攤成本，讓持股張數增加累積，最終領取股票股利和現金股利，慢慢達成現金流無慮的目標。

　　面對五花八門的投資工具，有些投資新手，胡亂聽信理財專家所言，投資一下子血本無歸。理財小白千萬不要闖入投資叢林，隨便就把辛苦存下來的錢賠掉了。新手常見的投資工具有九種，我整理出各別的優劣和長期投資年化報酬率（見圖表4-16）。

　　下一章我會分享自己如何利用時間複利效果，搭配我精心研擬的理財法則，掌握投資報酬率，以一種三效合一的方式，在「時間複利、理財法則、報酬率」的倍數加持之下，讓我跨進理財的幸福境界，享受錢滾錢的樂趣！

9 種新手常見的投資工具				
工具	長期 年化報酬率	風險	新手 入門難度	適合族群
定存	低於 1.5%	極低	★	退休族、 需靈活運轉資金者
外幣買賣	1.2% ～ 2%	低	★★	有外幣需求、 外匯市場的交易者
國內儲蓄險	1.8% ～ 3%	低	★★	欲財富傳承或 節稅者
股票	8% ～ 20%	中～高（看標的）	★★★	有時間研究財報者
基金	3% ～ 7%	中～高（看標的）	★★★	沒時間看盤或 想交給專業管理者
ETF	7% ～ 10%	中（看標的）	★★★	忙碌且想被動累積 資產的小資族
加密貨幣	4% ～ 50%	高（看標的）	★★★★	願意承擔新興市場 風險的投資者
衍生性金融商品	6% ～ 30%	高	★★★★★	有深入研究的專業 投資人
房地產	10% ～ 30%	高	★★★★★	閒置資金多， 能承受房價波動者

圖表 4-16　9 種新手常見的投資工具

第 5 章

多元斜槓投資法，讓獲利翻倍

有機會讓自己發光，就不要在意別人異樣的眼光。

21 十一法則：90%開源＋10%投資

投資這件事並不難，如果還沒有開始、或剛開始的投資新手、或是像我這種不想花太多時間心力去分析投資市場的人，只要掌握幾個法則，就能讓投資翻倍。

上一章提到了：「金錢的時間價值，是越早開始越早成功。」當我們開始存了一桶金，把臨時預備金存好，固定生活支出安排好，剩下的金額就可以拿來投資。選擇投資標的，最重要的就是：如何找到穩定報酬率的好項目。也就是上一章所提到的：「把握複利的威力。」只要保持穩定的報酬率，讓資金隨著時間的推移而獲得驚人增長，即便是每月只省下幾

百塊，幾十年後也都將擁有幾百萬的穩定獲利，這就是複利的威力。

複利能夠被愛因斯坦稱為「世界第八大奇蹟」，也是「股神」巴菲特實現最終財富的核心因素。接下來帶讀者看看應怎樣運用複利來投資？

掌握「複利 72 法則」

「複利 72 法則」（The Rule of 72s）是義大利「會計學之父」盧卡・帕奇歐里（Luca Pacioli）在 1494 年提出的，他是著名的數學家，提出了一個本金翻倍公式：

72 ÷ R ≒ T

R：年投報率

T：本金翻倍的年數

也就是說，如果以 1％報酬複利，經過 72 年後，本金就會翻倍。依照這個基本定律，我們可以推算（見圖表 5-1）：

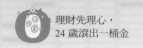
年投報率 1%	72 ÷ 1 = 72	本金 72 年翻倍
年投報率 2%	72 ÷ 2 = 36	本金 36 年翻倍
年投報率 3%	72 ÷ 3 = 24	本金 24 年翻倍
年投報率 4%	72 ÷ 4 = 18	本金 18 年翻倍
年投報率 5%	72 ÷ 5 = 14.4	本金 14.4 年翻倍
年投報率 6%	72 ÷ 6 = 12.0	本金 12 年翻倍
當年投報率 7%	72 ÷ 7 = 10.2	本金 10.2 年翻倍

圖表 5-1　1%複利，72 年後的報酬

　　如果年報酬率 1%，那麼存入 10 萬元，必須要等 72 年，資產才會翻倍。相對來說，如果找到年報酬率 5%的投資標的，存入 10 萬元，約 15 年，資產就會翻倍。如果找到年報酬率 7%以上的投資標的，大約每 10 年，投資人資產就會翻倍。

　　5%是一般人在台灣股市中很容易找到的年報酬率項目。7%是接近美國股市長期的投資報酬率，因此我選擇投資美股。

　　掌握了投資技巧，其實只要花一點時間就可以了，然而多數人都做錯方向，把焦點放在買賣進出投資上面，但是本金就小小的那些錢，搬來搬去再怎麼投資就是就那樣，有時搬錯了

還平白無故損失手續費及造成虧損，不如選好投資報酬率就等待時間開花結果，剩下的時間，用心花在自媒體經營上面，所以我提出「十一法則」：90%開源＋ 10%投資。

「自媒體」是「開源」的重頭戲

「自媒體」經營是幫助我們「開源」的重頭戲，只有當收入來源變多了，才有更多籌碼放在投資配置上面，也就是說：「開源」先做好，引流「投資」，利用「複利翻滾」，錢才可以被放大。

我從自媒體延伸出來的收入多達 5 種以上，有時甚至單月衝破近百萬，歸納一下，我的自媒體的收入來源包括：

- 廠商邀請異業合作
- 聯盟行銷
- 企業或政府機關的講師費
- 顧問服務（一對一及一對多的課程）
- 廣告收入……

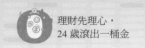

有了自媒體宣傳品牌，更要積極打造人脈存摺

在出社會後，深深感受到「社群」和「人脈」的重要性，前者是人與人之間的連結平台、空間，後者則是現實生活中能夠互相連結的資源。

很多人誤以為很多朋友就叫做人脈廣，但即使認識很多朋友，如果都只是點頭之交，那也沒有用，在群居的社會裡必須要了解除了金錢，你還能給別人什麼？又或者反過來，你能從他人身上獲得什麼？從護理師再到自媒體工作者，我悟出在這個世界生存的一大法則 —— 互惠，得從「提供他人價值」開始。

那要如何提供他人價值呢？首先必須盤點自身的資源。以我為例，經營自媒體後，我懂得如何操作社群，讓品牌增加互動率和轉換率，因此身邊不乏有人也想運用自媒體宣傳自家品牌。剛好，我有個會美股投資的朋友想多了解自媒體，我就能分享這個領域的經營要點，同時我也能請教他關於美股投資的知識。這是一種資源上的交換，也是互惠的展現。

很多時候人脈不應該只是為了表面、當下的利益，而是要透過長期的經營，換取一段長遠的合作、友誼關係，如果你懂

得互惠合作，就能用合作的方式去嘗試和體驗新的事物。

在這裡要提醒大家千萬不要陷入「沒有錢就萬萬不能」的思考陷阱，只要你懂得擅用人脈，無形的人脈也會是你的寶貴資產，可以讓你獲得錢也買不到的資源。

我平時會把人脈分成四圈，圓心那圈叫做「核心圈」，第二圈是「有效圈」，第三圈是「情感圈」，最後一圈則是「陌生圈」（見圖表 5-2）。

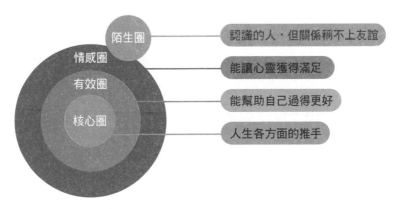

圖表 5-2　打造人脈存摺

我希望「核心圈」的人脈會是我事業的助力、投資學習夥伴、心靈伴侶，能經常交流想法，設定完這些條件後，我發現，我的核心圈沒有半個人，本來想把男友放進核心圈，但當時的

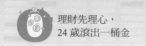

他對護理工作不了解，對我投資的項目也興致缺缺，對於經營自媒體更是一知半解，雖然他和我無所不聊，也在事業上給了我很大的支持，但還不夠核心，直到他也開始經營自媒體後，我們成為了彼此的事業夥伴，能夠一起學習成長，因此男友就進入我的核心圈，成為當時唯一我核心圈裡的人脈，隨著用心經營核心圈，目前已有 5 位閨密進入核心圈。

再來是人脈的第二圈「有效圈」，主要是同領域，而且不斷追求自我成長的朋友，我會揪這些朋友一起上課、聊投資項目、經營自媒體會遇到的困難等等，每次和他們相處，互相交流經驗後，都能獲得一些啟發，讓自己變得更好。

第三圈「情感圈」，顧名思義就是有情感的朋友，像是小學朋友、五專朋友、二技朋友、現在的同事……雖然我們不一定會一起學習，除了護理以外，各自的興趣可能也大不同，聊到自媒體也不會太深入，但每每和他們相處，就能獲得心靈上的滿足，這就會是我人脈的情感圈。

最後是第四圈「陌生圈」，這圈的人主要都是認識的人，可是關係稱不上友誼就會放在陌生圈，但這些人脈不代表不重要，所有的關係都是從陌生圈開始的，隨著你不斷去經營，陌

生圈的某些人或許可以成為你事業上的夥伴、情感上的朋友。

當然每一圈的人都是流動的，而不是定型的，隨著你的用心程度不同，情感圈或是有效圈的人脈都有可能會進入你的核心圈或是逐漸退到陌生圈。

每個人的時間、精力都有限，所以我們要把寶貴的時間放在對的人身上，我們的時間價值才能提升，大家也可以試著寫下自己的人脈：核心圈、有效圈、情感圈和陌生圈需要什麼條件才能進入，盤點身邊的人脈。

如果發現身邊沒有符合自身條件的人脈，甚至核心圈連半個人都沒有，怎麼辦呢？可以試著把自己投入到某個環境裡，假設你希望有效圈的人脈特質是愛學習、能夠一起追求自我成長的夥伴，你可以在下班後參加讀書會，把自己投入到學習的環境裡，從中在培養頻率契合的朋友，讓朋友成為有品質的人脈。會上同一堂課通常代表興趣一致，主動認識後發現對方的態度好，頻率一致就能再做進一步的交流。當然有時還會遇到一種情境是，你想認識別人，但別人不一定想認識你，這時候就要想想自己有哪些可以被利用的價值，運用互惠的智慧去建立關係。見面時，也要啟動我們的觀察力，去觀察對方的需

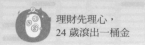
求，這樣才能走進一個人心，進而變成好閨密或是好兄弟，讓他們進入你的人脈有效圈或是情感圈。

所以當我們意識到身邊沒有所謂的人脈，都是點頭之交的朋友或是身邊朋友無法滿足你設定的條件時，就要提醒自己該主動去創造環境了！

世界上最大的力量不是努力，而是借力！努力是基本，只有懂得借用身旁人脈、站在巨人的肩膀上，才能看得更高、更遠，有著貴人牽著你的手前行，就能加快累積財富的速度。

22

找到適合自己的
投資方式

　　理財投資最重要的一點就是：簡單的方法重複做。投資布局後，我就是慢慢讓時間孵化，就像等金雞母下金蛋一樣，只要掌握好投資配置的訣竅就可以。很多人問我：到底是要投放在基金？股票？還是 ETF 上？我整理了一份詳細完整的比較表（見圖表 5-3）。

	基金	股票	ETF
投資人操作方式	由投信公司共同投資股票／債券／貨幣	自行購買個別公司股票	由投信公司共同投資股票／債券／貨幣
投資標的	選定之一籃子股票、貨幣或債券等	自選特定公司股票	連動特定指數之成分股或期貨
人為因素	高（由經理人專業判斷主動調整）	高（完全由投資人自主決定）	低（經理人須被動配合指數成分調整持股）
投資人介入程度	低（完全交由基金經理人配置操作）	高（自行選股操作，掌握度最高）	中（由經理人追蹤特定指數）
交易成本	平均 0.5%~1.5%交易手續費	0.585%	0.385%
持有成本	管理費 1%~3%	無	管理費 0.05%~0.99%
交易管道	透過銀行／基金平台／券商等通路買賣	透過券商於股票市場直接買賣	透過券商於股票市場直接買賣
計價單位	每單位淨值	每股市價（每張1,000 股）	每單位市價（每張1,000 股）

圖表 5-3　基金、股票、ETF 對照表

　　投資理財基本上就是掌握好投資工具特性，以最適合自己的方式去操作。好比說：儲蓄險、銀行定存，這兩種是低風險、低報酬、最省時的投資標的；基金、ETF，是高風險、高報酬、較省時的投資標的；股票是屬於高風險、高報酬、較費時的投資標的。尤其是企業股，要花時間去了解該公司的財報狀況、公司體質、未來前瞻目標……（見圖表 5-4）

各投資工作的特性 & 所需研究時間

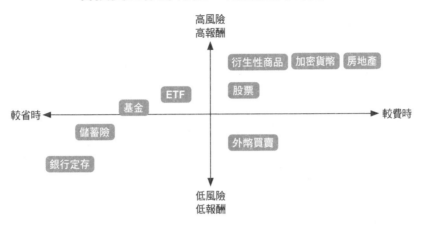

圖表 5-4　投資工具特性

　　要去研究企業個股，看財報、聽股東說明會、分析線圖……我覺得實在不適合我，如果是上班族，更不可能花太多時間在這上面。

選「ETF」，還是選「基金」？

　　這幾年來，我將大部分的錢放在 ETF，也獲得了很好的投資報酬率，很多人問我，究竟是選「ETF」？還是選「基金」？

ETF 就像「西式自助餐」

和朋友吃自助餐時，可以任意挑選菜餚，有貴的、有便宜的，比如：烤羊排就是相對來說比較貴的菜餚，涼拌菜算是比較便宜的小菜。投資者可以從中找到適合自己的價位、投資報酬率又滿意的美味佳餚。

基金就像「無料理菜單」

專業有才能的廚師最喜歡推出無料理菜單，廚師能如魚得水地製作出心中滿溢的口味菜色，消費者不知道當天的菜色是什麼，只能相信廚師的技術、專業來買單消費。基金就像無料理菜單，投資者只能相信基金經理人的專業判斷，將金錢委託他們替自己操盤。基金由經理人主動投資、主動挑選標的，績效取決於基金經理人的能力，相對的手續費也會比較高，因為需要為專業付費。

交易方式	ETF 的交易方式類似於股票，可以自己操盤，在一個交易日內多次買賣。 基金的交易則需要透過基金經理人處理，交易時間較長。
費用	ETF 可以在股市直接交易，手續費較低。 基金除了交易手續費之外，還需要負擔經理費、保管費等，總費用成本較高。
價格波動	ETF 的價格會在一天內波動，即時反映市場變化。 基金通常在一天結束時進行交易，價格波動不如 ETF 即時。

圖表 5-5　基金和 ETF 是兩種不同的投資工具

ETF 和基金各有優缺點。選擇投資哪一種，要根據自己的投資目標、風險承受度來決定。該怎麼選擇適合自己的投資方式呢？可以用一個小技巧來分辨：

- 如果你追求的是低成本、流動性和透明度，ETF 可能更適合你。

- 如果你需要專業管理和多元化投資，基金就是你更好的選擇。

決定好了投資方向是 ETF 和基金，我便只掌握投資關鍵：找到最佳投資報酬率的項目，其餘時間全力專注在「開源」上面。

經營自媒體讓我的收穫很豐富，除了自媒體流量變現讓我
獲得金錢，我還擔任顧問，傳授「IG 社群經營之法」、「IG
私域變現」、「天賦潛能」等課程，做到一對一及一對多的線
上、線下實體課程，這些課程中有很多與時俱進的東西，非常
有挑戰性，也極適合我。

比如：一年的「IG 經營」課程，會有一對一的個人諮詢
服務，也會有一個月一次一對多的直播課程，這樣的課程已經
開了 2 年，有非常完整且扎實的教學架構。理財課程主要是
服務企業及政府機關或學校，沒有再額外開設私人顧問服務。
每個人的時間精力都是有限的，怎麼樣去時間管理很重要，
我就是 90％開源＋ 10％投資。其中 90％的開源項目中是自媒
體，又劃分出來 8 比 2，社群經營課程 80％，理財投資課程
20％。

這本書是針對理財小白而寫，我想告訴大家的是：**理財不
難、開源為先、勿忘初衷。**有了金錢做底氣，就開始進行人生
投資，實現人生理想，回歸當初追逐金錢的本質需求。

工作、財務自由之後，我把重點放在自我學習，不管是內
在的自我探索、還是外在改變。更多時候，我開始去拓展人生

體驗。2023 年，我去了 4 個國家旅遊，以前當護理師的時候，這根本是不可能的事情。

我去香港、新加坡、馬來西亞沙巴仙本那（Semporna）、日本大阪。在仙本那看到純樸樂觀的巴瑤族，他們一生都住在海上，靠賣椰子、賣龍蝦為生，沒有身分證，無國籍，不屬於任何一個國家。他們住在船屋，沒有任何電力設施，也不存在電視機、手機這些現代化電子產品。他們落海生根，生兒育女都在海上，就像是在海上生活的吉普賽人。我有機會搭他們的船跟他們玩在一起，內心很多體悟：並不是每個人想要努力就有機會，巴瑤族沒有任何資源，連受教育的權利都沒有，他們即便想努力現實也不允許，反觀我們是只要努力就有機會，更該把握機會，勇敢一點，如果什麼努力都不敢嘗試，一下子10 年、20 年就過了，學習只會帶給自己豐富，沒有什麼好失去的。

香港的步調很快，我去過 2 次，一次走平價路線，一次走高檔路線，這 2 次看到的視野角度落差很大；新加坡整體感覺比香港寬闊、乾淨、有制度、有規矩，是一個很有框框的國家；日本大阪的是全家一起出遊，跟公婆先生一起，賞楓、泡湯、參觀抹茶的故鄉宇治，一路心情都非常好。

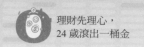
　　旅行這件事實現了我數位遊牧的生活，帶給我難得的人生體驗。以前請假非常不容易，一年頂多能出國一次就不錯了，想跟家人一起出遊幾乎不大可能，因為大家時間都可以，就我時間不行，我很珍惜這次跟全家人出遊的機會，旅行會讓人視野開闊，格局提升，對未來的願景、想法都不一樣了。

23 投資美股 ETF 的八大優勢

台灣年輕人的日常，除了打工、領薪水，吃喝玩樂，有一群人，習慣在捷運上滑 IG 、Dcard，看財經網紅推薦股票，點開證券 APP，一鍵下單。

年輕人都買什麼股？根據集保中心統計，2023 年底 22 歲以下的學生投資族，前十大有 3 檔是高股息 ETF，分別是：國泰永續高股息（00878）、元大高股息（0056），復華台灣科技優息（00929）占第八，市值型有元大台灣 50（0050）占第三。

這群年輕人或許沒有計算報酬，也不知道填息、折溢價等

知識，但是因著想出國沒錢、想吃大餐沒錢、工作難找又通貨膨脹⋯⋯怎麼辦？當然得趕緊想辦法找錢出來了！不僅是學生，台灣的全民買高股息 ETF 瘋狗浪，一下子滾出幾兆的投資資金，大量的股市吸引小白進場，買 ETF 已成為年輕人共識，台大證券研究社 3 月百人教室擠了 2 倍人數。

ETF 主要是追蹤指數，績效通常與其追蹤的指數相近。投資 ETF，當然台股也不錯，但是我要告訴大家，美股 ETF 比台股 ETF 要優惠多了，唯一要注意的，只是換匯時機。

美金跟新台幣的匯兌，1 比 30 是平均值。當你擁有了外幣帳戶，就可以透過網路銀行或手機 APP 進行線上換匯，換匯前可以直接在手機上查目前外幣漲跌局勢，低價時買進，降低交易成本。

當然，也可以親自到銀行「臨櫃換匯」，如果到銀行櫃檯進行外幣兌現，交易匯率會分成「即期匯率」與「現金匯率」，前者是用新台幣帳戶換匯到外幣帳戶，如要再提領外幣現鈔，需要繳交手續費；後者則是由新台幣帳戶換匯直接取出現鈔，不收手續費，但是換匯的費用通常比較高。

比起「線上換匯」，「臨櫃換匯」的匯率差，手續費又貴，

還得花時間成本,通常是不熟悉網路操作的中高齡人士在使用。還有一種「外幣 ATM 換匯」,不過這種比較多是觀光客、旅行者使用,ATM 雖然可以隨時換匯,但不提供冷門幣別,也可能遇到現鈔不夠的風險。

優點❶ 美股的標的選擇多於台股

相較於台股有一千七百多檔上市股票,美股的選擇更多,高達八千多檔,以資產分配來說,美股風險相對較分散(見圖表 5-6)。

1 美股的標的選擇多於台股

- 美股目前上市約 **8000** 多檔,台股約 **1700** 檔。
- 以資產分配來說,美股的風險相對較分散。

圖表 5-6 美股的標的選擇多於台股

美國目前可以挑選以美股上市前 500 大企業,也就我們常聽到的「SPY 標普 500」(S&P500)為指標的 ETF,如:

SPY、IVV、VOO 這三檔 ETF。

美股的指數很豐富，除了標普 500 指數（S&P 500），還有納斯達克綜合指數（NASDAQ）、道瓊工業指數（Dow Jones）、費城半導體指數（SOX），可以幫助投資人選擇投資標的。

標普 500 指數（S&P 500），指標追蹤美國知名的大型公司，成分股總數控制在約 500 檔左右，這 500 檔成分股涵蓋了大約 80％左右的美國股市市值。標普 500 指數採用市值加權的方式計算，因此市值越大的公司權重占比越高。選股方式主要是由委員會依照公司的市值規模、交易的流動性、獲利狀況等條件篩選，每個季度會調整一次，以確保它具有足夠的代表性。

從這個角度來看投資台股 ETF 還是美股 ETF ？台股 0050 ETF 是追蹤 50 家公司，美股是追蹤 500 家公司，500 家公司跟 50 家公司，哪一個更加分散風險？當然是選擇美股會更穩健。

SPY、IVV、VOO 這三檔 ETF 的產品內容是根據 S&P500 指數所組成，這個指數專挑美國「市值前 500 大的公司」，這

500 大公司的市值就占了美國總體市場的 80%（見圖表 5-7）。

S&P 500（標準普爾公司）

- 在 1957 年所編撰的一個指數
- 從美國上市公司挑選出「市值前 500 大的公司」稱為 S&P 500 指數
- 這 500 大公司的市值占美國總體市值的 80%

圖表 5-7　美股三檔當紅 ETF

我們分別來看看這三檔 ETF：

SPY

全名 SPDR S&P 500 ETF Trust，簡稱 SPY。

SPY 是家喻戶曉的 ETF，追蹤 S&P 500 指數（標普 500 指數）ETF，成立於 1993 年，是全世界第一檔 ETF，由美國道富集團的 SPDR 基金部門發行。截至目前，它的資產管理規模為 3,813 億美元，總持股數涵蓋 505 家公司（見圖表 5-8）。

股票代碼：SPY	ETF 發行商：SPDR

- ETF 發行商：SPDR
- 1993 年推出
- 全世界第一檔 ETF
- 總管理費 0.09%

10 大持股 (占總資產 32.49%)　　　　　　　　　　　主要股票查詢

名稱	代號	% 資產
Microsoft Corp	MSFT	6.84%
Apple Inc	AAPL	5.85%
NVIDIA Corp	NVDA	5.05%
Amazon.com Inc	AMZN	3.78%
Alphabet Inc Class A	GOOGL	2.27%
Meta Platforms Inc Class A	META	2.24%
Alphabet Inc Class C	GOOG	1.92%
Berkshire Hathaway Inc Class B	BRK-B	1.71%
Eli Lilly and Co	LLY	1.47%
Broadcom Inc	AVGO	1.35%

行業比重 (%)

版塊	SPY
基本資料	2.14%
消費週期性股票	10.48%
金融服務	12.67%
地產	2.17%
防守性消費	6.13%
醫療保健	12.32%
公用事業	2.43%
通訊服務	9.14%
能源	4.09%
工業	8.29%
科技	30.15%

資料來源：Yahoo 奇摩股市

圖表 5-8　**SPY**

　　想知道 SPY 的成分股，可以從 SPDR 基金網看到。目前排名前三的產業分別為：資訊科技、健康照護、金融，這三大產業占比約 53％。SPY 至今已有 30 年以上，是全世界規模、交易量數一數二的 ETF。

　　SPY 從成立以來，年化報酬率為 9.73％，期間曾遇到 2008 年金融海嘯，當時最大回檔為 -50.8％，所有經歷金融海嘯的 ETF，最大回檔就是 -40％到 -50％左右，所以表現不差。

SPY 是極具代表性的美股指數型 ETF，值得長期投資。

SPY 的總管理費是 0.09％。比起同樣是追蹤相同指數的 IVV 與 VOO 的總管理費皆為 0.03％，SPY 的總管理費算高。

IVV

全名 iShares Core S&P 500 ETF，簡稱 IVV。

IVV 是由 iShares 公司所發行，2000 年推出，至今 24 年（見圖表 5-9）。

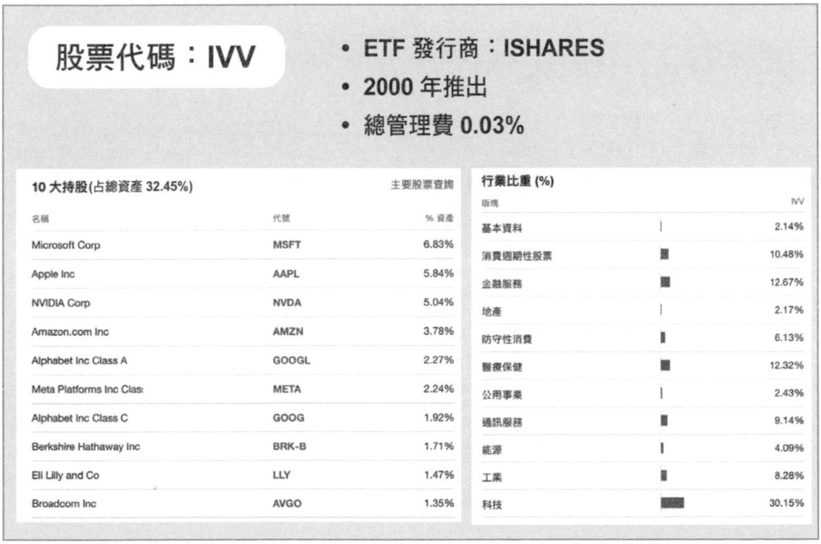

資料來源：Yahoo 奇摩股市

圖表 5-9　IVV

IVV 的成分包括微軟、蘋果、亞馬遜、Facebook 和谷歌等知名公司，2024 年初至今每日總回報率：+10.42％，1 年的總報酬率：+29.61％，算是一檔很優的 ETF。

IVV 的宗旨是為投資者找到大盤藍籌股的多元投資組合，同時保持較低的成本，對於尋求廣泛市場投資的長期投資者來說，這是一個受歡迎的選擇。

VOO

全名 Vanguard S&P 500 ETF，簡稱 VOO。

VOO 是一款追蹤 S&P 500 指數表現的交易所交易基金，組成持股比例有：Apple（蘋果）、Amazon（亞馬遜）、Microsoft（微軟）、Meta Platforms（臉書）、Google（谷歌）美國排名前 5 大公司（見圖表 5-10）。

買了 VOO 這支 ETF，就買下了美國的主要經濟，也等於買下了全球市場，這些穩定能發展的國際大企業，10 年的報酬年利率至少有 7％～ 13％以上，非常適合理財小白和小資族作穩定長久的投資。

<table>
<tr><th colspan="3">股票代碼：VOO</th></tr>
</table>

股票代碼：VOO

- ETF 發行商：ANGUARD
- 2010 年推出
- 總管理費 0.03%

10 大持股 (占總資產 32.13%)   主要股票查詢

名稱	代號	% 資產
Microsoft Corp	MSFT	7.09%
Apple Inc	AAPL	5.64%
NVIDIA Corp	NVDA	5.06%
Amazon.com Inc	AMZN	3.74%
Meta Platforms Inc Class A	META	2.42%
Alphabet Inc Class A	GOOGL	2.02%
Berkshire Hathaway Inc Class B	BRK.B	1.73%
Alphabet Inc Class C	GOOG	1.70%
Eli Lilly and Co	LLY	1.41%
Broadcom Inc	AVGO	1.32%

行業比重 (%)

版塊	VOO
基本資料	2.15%
消費週期性股票	10.51%
金融服務	12.66%
地產	2.27%
防守性消費	5.93%
醫療保健	12.46%
公用事業	2.20%
通訊服務	8.95%
能源	3.96%
工業	8.31%
科技	30.60%

資料來源：Yahoo 奇摩股市

圖表 5-10　**VOO**

對於尋求以低成本方式獲得美國大盤股市場多元化投資的投資者來說，VOO 是一個十分受歡迎的選擇。

以上就是推薦給大家美股 ETF 的選股建議，其實不管投資哪一個，都很划算的，大家看一下美股 ETF 這三支過去 10 年年化報酬率就知道了。SPY 就像台股的 0050ETF，交易量比較大，因為出來的比較久，總管理費也會比較高，投資 IVV、VOO，管理費會比較省，我自己就是有買 VOO，配息還不錯（見圖表 5-11）。

	SPY	IVV	VOO
管理費	0.09%	0.03% **勝**	0.03% **勝**
交易量	1.3 億 **勝**	730 萬	650 萬

美股 ETF	追蹤指數	總管理費	
SPY	（標普 500 指數）	0.09%	過去 10 年 年化報酬率 10%以上，接近 13%
IVV	（標普 500 指數）	0.03%	
VOO	（標普 500 指數）	0.03%	

圖表 5-11　**SPY 與 IVV、VOO 比較**

　　以 SPY 來說，是季配息，一年中的 3、6、9、12 月配息，平均年化殖利率約為 1.69％，過去 5 年每股股利平均約配發 5.99 美元，發行以來未曾中斷配息，配息紀錄良好。當然配息只是其次，這檔美國最主要的 ETF 股價持續且穩定的成長才是重點。

優點❷ 美股市值大，不易被操控

不論是股市的市值、還是上市的公司數，美股都是全世界排名第一的國家，而從股市的市值看來，美國整體的市場規模是台灣的 20 倍（見圖表 5-12）。

台股市值小很容易被投信、外資、自營商三大法人操控，這就是為什麼散戶總是在股海裡失利，買高賣低，沒賺到錢反而虧錢的原因了。

尤其台股的操作手法常常是「追突破」，也就是操盤者會投注一個股價一直堆高，散戶一看股價狂升也開始追著買，一開始賺了點錢，其實是入了陷阱不自知，有些散戶甚至貸款重押，結果被套牢，成了股市悲歌。與其買高賣低造成虧損，不如穩當選存好股，讓時間複利來翻倍，所以選台股不如選美股，選美股不如選美股 ETF，這是最穩當的高獲利理財法。

> **2** 美股市值大，不易被操控
>
> - 股神巴菲特無法輕易控制蘋果公司（股票代碼：**AAPL**）的股價漲跌
> - 台灣的中小企業市值小，**1,000** 萬就能控制該股票的單日漲停
>
> **✗** 對平民來說非常吃虧，因為錢都是掌握在大戶手中

圖表 5-12　美股市值大，不易被操控

優點❸　美股券商免手續費

　　免手續費是美股與台股最大的不同。台灣常見的美股券商，如：Firstrade（第一證券）、嘉信理財（Charles Schwab）都是免手續費，可以先去他們的官網平台上深入了解，然後直接在官網上開戶就可以（見圖表 5-13）。

> **3** 美股券商免手續費
>
> - 投資台股在成交的當下就要被扣手續費，報酬率馬上變負的
> - 雖然手續費金額小，但也會複利，長期累積下來是可觀的數字

圖表 5-13　美股券商免手續費

　　如果不選擇海外券商，而是委託台灣券商下單去買美股 ETF，這種方法稱為：「複委託」，開「複委託」還是需要手續費的，所以我建議大家還是直接跟美股券商開戶就可以。

　　Firstrade 第一證券的 APP 介面是中文，完全不用擔心自己英文不好而無法進入美股世界，每家券商都有自己的特點和獨特優勢，大家可以根據自己的需求和目標做出明智的選擇。

　　這裡要特別提醒大家的是，投資理財之路，一定要選對平台，謹慎注意釣魚網站詐騙投資客。

讓自己有個「外幣帳戶」

　　既然要開戶，建議大家同時也開一個外幣帳戶。這樣方便轉換美金，投資美股 ETF。此外，有了外幣帳戶，就能「外幣存款」，外幣投資也是一種理財方法。

　　外幣存款和一般存款不同，簡單說就是把新台幣換成外幣，把換成的外幣存在外幣帳戶裡賺取利息，外幣存款和新台幣存款一樣，主要的差別只是幣別不同。「外幣定存」是跟銀行約定好在一定的時間內存放資金，等約定日期到，不但有原先存放的本金，還有產生的利息作為報酬。提醒大家的是，幣

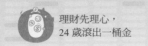
別匯率經常會有變動，外必定存要特別考量匯率，多留意外幣匯率的走勢和利率變化。如果要進行外幣存款，我會建議美金定存，現在很多外商銀行推出美金定存，利率都不錯。

外幣帳戶的門檻不高，有了外幣帳戶，無論是旅遊、投資美股 ETF、外幣定存、換匯等投資理財交易都會比較容易。

小心詐騙的釣魚平台

為什麼我們想學投資？當然是想靠投資賺錢，提早退休，實現人生夢想。很多人就是抱著這樣的夢想開始起步，但是……卻誤入詐騙的釣魚平台。辛苦賺來的錢一下子就賠掉了……

接下來我想做個小測試，當你看到這種「輕鬆月入百萬」的廣告詞，請問你是會立刻點擊進入，還是抱持相當大的疑惑？

我自己接觸理財投資好多年，遇到很多小資族、有學貸、有卡債的人，他們內心想走「致富」的道路，「富」有的富，可是卻一不小心，還沒「致富」，反而「自負」，負債的「負」！因此，我想跟大家分享如何「預防詐騙」。

從詐騙平台上，我們可以發現一些原則，首先，詐騙平台一定要很懂人性心理，比方說，上面一定有讓人很心動的字眼（見圖表 5-14）。誰都想要賺到一桶百萬金，對不對？能夠輕鬆賺到？好不好，當然好！

這樣做輕鬆月入百萬

圖表 5-14　釣魚網站經常使用的標語

還是，往往陷阱就在甜言蜜語中。人心所嚮往的就是最容易暴露的弱點，一旦點入之後，就是一杯一杯的酒精，讓人看得心醉神迷！釣魚平台會不斷釋放出有利訊息，比如：「給自己加薪」、「保證獲利」……這種字眼很容易穿透人心，釣到想更多錢的人，一步步撒下網羅。

我們再來抽絲剝繭看看釣魚平台是如何操作的：

1. 讓投資客覺得不用付出太多努力。
2. 強調這是薪水之餘的額外收入。

3. 強調穩賺不賠，投資報酬率高。

4. 平台有非常複雜的商業模式，入金容易、出金困難。

最近我就聽到一個朋友上當了。朋友不小心點進了一個投資平台，平台給了一個不可思議的報酬率，就如同前面提到的四個點，把投資客唬得醺醺然，等對方開戶完成之後，就開始「養、套、殺」。

- 「養」：讓新人每個月都能領到高趴數的投資利息。這就像溫水煮青蛙，青蛙浸泡到水裡，水越來越溫暖，青蛙已經習慣了，不覺得水溫越來越高，最後自己怎麼被燙死都不知道。

- 「套」：尋著前面三點不斷循環，等到投資客投入相當大的金額之後，就跳到第四點。

- 「殺」：當投資客進行了一段時間，發現自己投資成果豐碩，帳戶內累積了許多利息，想領出錢的時候，才發現重重困難。

釣魚詐騙平台是非常懂人性的，不會讓你覺得領不出錢，而是一步步誘導你投入更多的錢。我朋友的親身案例是這樣：

她誤入了一個多倫多交易所，由於是新開戶者，平台指導她要把錢放在要領的新人儲值優惠，她入金之後，發現是不同的帳戶，之後她的錢就被風險控管凍結了。平台又說 20 天內，要再付 50％的錢才可以解凍提領，我朋友急著想要把錢領出來，就照指示又再投入更多的錢，等她最後恍然大悟可能被騙，她已經投入了 60 萬元。

「養、套、殺」是詐騙平台常用的手法，先哄投資客入金，然後套住投資客的資金，最後封鎖資金，讓投資客出局。

想理財的朋友，一定要清楚自己投資的平台是否合規合法，不要一時鬼迷心竅，被貪念牽著走，反而耽誤了原本的投資初衷，冷靜判斷，穩扎穩打投資獲利才是王道！

優點❹ 美股股息再投入

到美國券商開戶，有個獨特功能可以做設定，叫做：「股息再投入」（Dividend Reinvestment Plan, DRIP），只要設定好這個功能，等股息入帳時，券商就會自動把股息再投資，達成「全自動、免手續費」的被動式投資，這是能夠讓錢翻倍、

達到複利的最好的工具（見圖表 5-15）。

4 美股股息再投入

- 美股通常是配現金股息
- 美股配息當下就會自動購買原股票
- 自動購買原股票可減少人為操作
- 配息最小單位為小數點第三位的股數

圖表 5-15 美股股息再投入

優點❺ 美股股價較不受除息影響

股民最開心的莫過於：買到高股息的股票，但是發放完股息後，股價能否回到原先的股價呢？很多高股息股票，一發放完股息之後股價就下跌，能否回到原有股價是個問題，而買美股 ETF 的好處是，美股配息多以季配息較多，這樣一年至少有 4 次配息，且以 SPY 標普 500 來說，配息之後通常多半會填息，然後再利用「DRIP」的機制設定讓股息再投入，幫助投資金額達到複利最大化（見圖表 5-16）。

美股股價較不受除息影響

- 美股季配息較多
- 美股每天的市場波動大於配息所造成的波動
- 台灣的年配息，企業需一次性支付大金額去配息，導致賺了股息賠了價差

圖表 5-16　美股股價較不受除息影響

優點❻ 美股比台股長期報酬更高

　　美股 ETF 的潛力不可小覷，從下圖可以看到美股 ETF 當中，VOO 這支 ETF 的 10 年化報酬率接近 13％，而台股 0050 這支 ETF，10 年化報酬率約 8％。美股的長期報酬率向來都比台股表現要來的有潛力且搶眼（見圖表 5-17）。

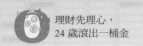
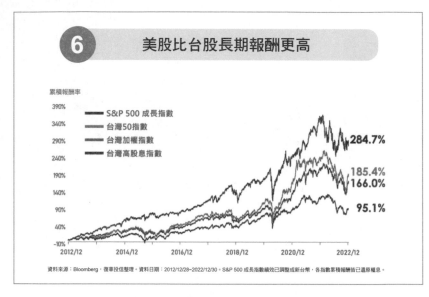

圖表 5-17　美股比台股長期報酬更高

優點❼　美國是全球最大的經濟體

美國是全球最大經濟體，許多在美國上市的公司都是走國際市場，只要擁有 1 檔美股 ETF，就等於參與了全球的市場經濟（見圖表 5-18）。

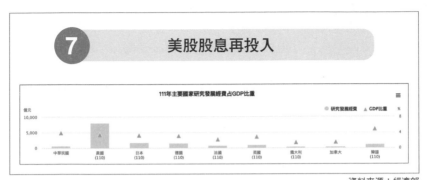

圖表 5-18　美國是全球最大的經濟體

優點❽　美股盤中零股交易容易

對於理財小白或小資族來說，零股交易是低門檻、低風險的一種投資方式。交易方法跟下單買整股一樣，權益不變，一樣享有股息，只不過持有的股數不同而已（見圖表 5-19）。

8　美股盤中零股交易容易

- 美股最小交易單位為一股
- 台灣現在盤中也可以零股交易，但易遇到交易量不足，買貴的窘境

圖表 5-19　美股盤中零股交易容易

投資美股 ETF，是我認為最舒服可以得到最快的投資理財方式。說實話，普通人扣除基本開銷，每月可支配的金額不多，只要在美股中選幾檔高殖利率、高穩定、配息高的 ETF，啟動「股息再投入」，長時間下來都能有很好的結果。

投資美股 3 步驟

很多人會害怕自己因為不會英文，而不敢投資美股，其實現在投資美股的步驟跟過去相比簡單很多，只要三步驟，即可投資全世界最大的股票市場（見圖表 5-20）：

1. 開外幣帳戶

2. 換美金

3. 開海外券商或向台灣的證券商申請開「複委託」帳戶

步驟 1：開外幣帳戶   步驟 3：開海外券商或複委託帳

步驟 2：換美金

圖表 5-20　投資美股 3 步驟

　　最後，我想跟大家分享投資最佳策略：「定期定額」與「定期不定額」。

　　這是投資的兩大策略，平時可以用「定期定額」攤平投資風險，在固定時段以固定金額購買，縮小人為失誤。但是當市場下跌更多的時候，採用「定期不定額」的策略，可以幫助自己獲利更多。

　　這兩種方法都著重於長期投資，但也要注意波段檢驗複盤，適當停利或轉換投資標的，確保最佳的投資效益。

　　網路資訊發達的時代，到處都是免費的資訊，我們可以透過網站、電視節目、部落格文章、YouTube 等各種自媒體學習操作股票、基金、ETF 知識，但這些都只是「參考用」，大家還是要學會獨立思考判斷的下單能力。從四面八方蒐羅來的資料，精準預判，這種能力連股神巴菲特爺爺直到今日都還在學習。

　　投資這條路上，得學會篩選資訊來源的正確性，多上點心總不吃虧。

24

抓準國家指數
景氣循環的四階段

一輩子能累積下來的財富，不是取決於賺多少，而是取決於如何投資理財，我以多年的經驗，希望幫大家少走彎路，選對標的直線獲利！

投資理財要注意「國家指數景氣循環」，景氣循環是波動的，有 4 個階段：擴張、趨緩、衰退、復甦，週而復始的進行。投資人可以觀察景氣循環，在低價時買進，等重新走回高峰後，決定停利的點出場獲利。比較成熟的國家不一定會循環那麼快，但是像巴西這個國家，國家指數景氣循環就比較快，可以多多關注。

　　「**國家指數景氣循環**」是由 9 種經濟指標組成，比如：貨幣總計數 M1B、股價指數、工業生產指數、非農業部門就業人數、海關出口值、機械及電機設備進口值、製造業銷售量指數、製造業營業氣候測驗點、批發、零售及餐飲業營業額變動率……**不需要看很多的國家，就是挑比較熟悉的國家指數，例如：美國、巴西，固定波段操作就可以。**

　　景氣循環的優勢在於按比例投入，可以減少一次性投入的風險，另外也非常考驗人性，因為需要守紀律，怎麼說呢？

　　假設今天我們有 1,200 美元的預算可以做投資，在投資前做一個五等分金字塔（見圖表 5-21）規劃好每次下單的金額和股數，假使第一份有 80 美元可以投入，而現在股價為 36 美元，80 除以 36 等於可以買 2 股；第二份有 160 美元可以投入，而現在股價為 35 美元，160 除以 35 等於可以買 4 股，以此類推……

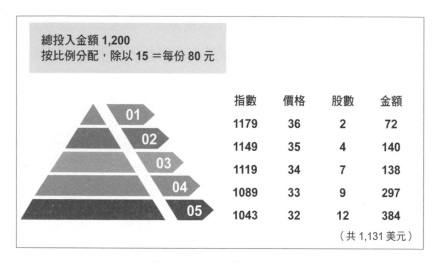

指數	價格	股數	金額
1179	36	2	72
1149	35	4	140
1119	34	7	138
1089	33	9	297
1043	32	12	384

總投入金額 1,200
按比例分配，除以 15 ＝每份 80 元

（共 1,131 美元）

圖表 5-21　五等分金字塔

美股沒有所謂的漲跌停，因此有時股價的變動不一定會如預期，因此非常考驗臨機應變和紀律。

我覺得人生就是要找到最適合自己的方式，無論是伴侶、工作、還是投資理財。慢慢去探索自己，了解自己到底適合什麼，當我們了解了自己之後，就不會人云亦云，長輩說要買房就一定要買房，要投資台股就投資台股，反而會比較篤定去朝著自己內心所規劃的藍圖步步邁進。

理財這件事情本質其實是很簡單的，當你掌握到這些簡單的本質之後，找出最適合你的方法，一直重複就好了，透過

這些原則去慢慢累積財富，讓小錢慢慢滾出大財富，切記：投資理財只是人生的一小部分，有了財富，對自己有什麼未來想像？回到本質，找出當初想要有錢的動機。

　　得到財富絕對不會是人生的終點，每個想要獲得財富的人，背後其實都有想要實現的事情，追尋內心的聲音，邊理財投資，邊一件一件的完成它。金錢，是幫助我們實現內心渴望最有力的後盾。

25 不再是理財小白後，持續學習

　　當你讀到這裡時，本書已經進入尾聲，相信你對投資理財已經有完整地輪廓與概念，懂得如何在開始理財和投資前，建立一個正確的思維模式，也學習到如何提升自己的思維，把眼光放長遠，注重長期的目標和利益，並且透過每次的作業與思考，讓自己的財務狀況越來越好。

　　恭喜你，你已經不再是理財小白了！

避開低級錯誤，快速滾出一桶金

剛入門的你可能已經開始蠢蠢欲動，想要趕緊投資，用錢賺錢，但先別急。在你還沒有真正開始投資前，我想跟你分享一些理財小白在投資時，最常犯的錯誤，這也是大多數人投資會賠錢的原因！

這些低級錯誤，你可能看完後會說「我一定不會犯！」但請先別鐵齒，我剛學習投資時也犯過這些錯誤，真心希望透我的提醒，你可以避開這些錯誤，讓投資旅途走得順暢一些。

第一個錯誤是：「沒有投資策略」！

什麼是投資策略？那就是在投資的時候，知道在什麼情況下要採取怎樣的行動，比如上漲了多少後要賣出，如果下跌的話，要怎麼處理，在價格維持不變的話，要怎麼辦？經濟如果出現變化，是否要賣出，然後投資期限是多久？這就是投資策略。定額投資是一個投資策略，在低過合理價的情況下買入也是一個策略。

大部分的理財小白，是在一個不清不楚的情況下做投資，所以沒有一個投資策略。在一開始投資的時候，不知道什麼時

候應該賣出，上漲的時候不會賣，下跌的時候就一直持有。沒有投資策略就很容易導致賠錢的情況發生，就好像投資基金本來的投資策略就應該是長期持有，但是卻因為不了解，也沒有一個投資策略，就因為短期的股市下跌，害怕虧的錢變得越來越多，而把持有的基金賣出。這種就是典型的高買低賣，認賠收場。

有些人有投資策略，但問題是他的投資策略一直換。比如投資股票的朋友都知道投資股票的策略是要低買高賣，但是在他買入後，股票上漲，本來他只是想要賺個 10％，這時他就想說，現在這隻股票的上漲力度很大，應該還會再漲，等漲得更高的時候再賣，結果股票沒有漲得更高，反而下跌了，這時他想，等這個股票再次回到漲 10％時我就會賣，那這樣往往就會一直等下去。

如果是下跌的情況發生，他可能又會想，股價跌 20％的話，我就會賣出，但是當真正股價跌 20％的時候，卻不願意接受賠錢，他又想，我不貪心，只要回到我買入的價格我就會賣，可是股價卻一直的下跌，當跌破 30％的時候，他可能又想，如果股價升回虧 20％的情形我就賣出，一直不斷更改投資策略，有的人還會在股價下跌的時候不斷買進，以降低買入

的成本價，最後就會因為不願意接受股票下跌所帶來的虧損，反而被股票套牢了。

請記得，**如果一直更改策略，就等於沒有投資策略。**

第二個投資賠錢的原因是：太急著想要快速致富！

這裡說的快速致富並不等於賺取高報酬，賺取高報酬本身並沒有錯，配合上一些投資策略其實是行得通的，但這裡指的賺快錢說的是想要快速致富的投資心態。

很多理財小白因為投資金額比較少，就會想說，我只有 10,000 元，如果獲得 50％的報酬也只賺 5,000 元，還不如我玩大一點，虧錢的話就算了，錢再賺就好，但如果賺的話，還可以大賺一筆，就投資入一些高風險的金錢遊戲，像是外匯或是一些高波動的小型股。要求高回酬其實不是一個問題，但問題是，這根本是賭博心態，沒有投資策略，只是一場拚運氣的賭博。

很多人深陷在其中，甚至不惜介紹朋友來賺取佣金。這種高風險的投資下，很多時候都是賺少虧多，如果介紹朋友，之後朋友拿不回錢還會因此欠下許多人情債。

快速致富其實跟回報高還是低沒有一定的關係，而是投資的心態。很多人想要透過投資賺錢，卻不願意付出時間學習，就開始到處聽情報，畢竟聽情報就不用花大量時間去研究，但這樣的結果就是把自己辛苦存下來的錢丟到大海裡，一去不復返。

第三個投資賠錢的原因是：跟風！

別人說什麼就買什麼，對於理財小白來說，當想要投資時，最常去請教的對象分別會是銀行人員、基金經理人和投資老手。

首先，銀行人員，有些人要投資的時候，就會到銀行去詢問，那銀行人員就會介紹你買入一些銀行提供的理財產品，不外乎是基金、保險……那買入了之後，最常發生的情形是，當銀行寄來帳單，發現投資虧錢，或者是想要把錢領出來的時候，那位原本賣你理財產品的銀行人員已經離職了。找到新的銀行人員解釋的時候，才發現自己買入的理財產品並不賺錢，而且買入的其實是壽險，發現後也無從哭訴，因為保單裡白紙黑字都寫得清清楚楚，你買入的其實是一份保險。

　　再來是，基金經理人，基金其實是一個好的理財產品，但是本身基金裡也有很多的學問，有不同公司、不同資產、跟不同投資目的的基金。大部分人在買入基金的時候，不清楚自己買入的是什麼，也不清楚在第一次購買基金的時候會收取的手續費。買入過後如果市場表現不佳，資金減少了，就會失去耐性而選擇賣出，變成高買低賣，最後賠錢出場。

　　更常見的情況是，**銀行人員、基金經理人給的意見不一定中立**，對方會介紹你的投資工具並不一定是因為那個投資工具適合你，而是對方有利可圖，可以從中賺取佣金，就好像基金經理人會說基金好，保險業務會說保險好，房產仲介會說房地產好是一樣的。

　　最後是，投資老手，投資老手有幾個特點，就是比自己有錢，還有以前聽他說過，他在投資裡賺過一點錢，所以就向他請教。那在問了之後，就會有聽沒有懂，在不清不楚的狀況買入對方推薦的投資工具，比如房地產、某支股票、某快速致富的投資計畫……那接下來就可能會發生幾種情形，買入的房地產後，卻租不出去或賣不出去，因此每個月都需要自付貸款，再來，買入的股票下跌虧錢，然後去詢問投資老手的時候，對方跟你說：「那支股票我早早就賣出了，你沒有賣嗎？」結果

你只好認賠出場，又或是投資計畫的公司忽然倒閉，不能拿回原本投入的資金。

避免投資賠錢的兩方法

在上班時，不少同事、學姊會向我請教如何投資，我通常會請他們購入我上過，覺得非常有系統，新手也能學會，並能逐步開始投資的課程，而不直接教他們，原因是，投資理財的領域非常廣，適合我的投資方法，不一定適合他們，加上每個人的風險承受度不同，或許我可以接受認賠 30％，但對方可能連一丁點賠錢都不能接受，最後我們因為對投資上的認知不同，而有所摩擦，破壞彼此的關係，諸於以上的原因，我會建議同學們在學習投資時，自己找合適的課程學習，我會在這堂課額外補充我上過的課程，同學們可以再自行選修。

投資這檔事，還是要培養判斷力，學習釣魚的方法，而非找魚吃，只有學會方法，這方法才能在任何時刻為你所用。

這就是投資前我們常會犯的三種錯誤：沒有投資策略、急著想要致富，還有別人說什麼就買什麼。要怎麼做才能避免投

資賠錢呢？這裡有兩個方法要提供給你：

不熟的東西不要碰

巴菲特曾經說過：「風險來自於你不知道自己在做什麼！」

很多時候投資會賠錢，就是因為在不清不楚的情況下投資，所以才會導致虧錢。

如果是不熟悉的投資，千萬不要碰。雖然說我們可能會因此錯過一個很好的投資機會，但是我們不去投資的話，我們就沒有在拿我們的錢冒險；相反地，如果我們不知道自己投資的是什麼的話，那個風險其實是很高的，不去冒這個風險反而是一個明智的選擇。

學習、學習、學習

重要的事說三遍，透過學習，我們可以了解什麼樣的投資適合自己，自己做出判斷，不用去依賴別人的意見。透過掌握一套適合自己的投資策略，了解自己應該做出的什麼樣的行動，之後不管經濟如何，我們長期下來都能穩定的獲利。

　　在這裡要提醒大家的是，投資沒有捷徑，不要彎道超車，因為超車很容易翻車。在做出任何的投資之前都需要學習跟了解過後，再做出適合自己的投資選擇。

結語
慶幸身處人人都能投資的富貴年代

　　這本書是當我還從事護理師工作時，就已經計畫要出版的一本書。開始撰寫時，我還是一名上班族，進而轉為自由工作者，創業兩年後終於完成。書中記錄了我在不同角色轉換下的心路歷程，從普通上班族、到自由工作者、再成為公司經營者，財務在其中扮演著重要角色。這是一本適合上班族、自由工作者和初創企業家閱讀的書籍，期許自己能為大家帶來幫助。

　　無論經濟狀況如何，許多人都會感到擔憂：害怕失業、擔心通貨膨脹、害怕經濟蕭條……然而，只要擁有正面的理財心態，即使在最糟糕的情況下，也能獲得良好的金錢回報。這是我撰寫這本書的主要原因之一：

　　理財起源於冷靜的理性思維，而正確的投資心態，能讓你在牛市和熊市都能收穫利潤！

理財並不複雜，一旦掌握其基本邏輯，成功的關鍵只在於克服人性，持續學習，實踐「賺、存、翻」的策略。在時間的積累下，10 年、20 年後，你的財富將會漸漸變得可觀、令人矚目。千萬別擔心起步是否太晚、年紀是否太大這種無關緊要的問題，只要願意接納我在書中提及的理財觀念，無論何時開始、何種年紀，都能贏得成功！

時代不斷改變，理財投資領域愈趨多元，投資方式也變得更加便利。尤其高效率的線上成交系統，使得理財變得快速而便捷，不禁想說：能活在這個時代實在太幸運了！

這個時代，理財不再是專屬於菁英的領域，而是開放給追求財富自由的每一位夢想者。線上成交系統如同一把無形的鑰匙，為我們打開了通向財富增值的大門，簡直就是理財的簡單時代，每一個人都能輕鬆參與、深入了解投資之道的富貴年代！

若你曾感受到職場壓力、不敢請假、身心疲憊，生活黯淡無光，那麼翻開這本書，開啟你的小白理財之旅吧！

從護理師身分，勇敢轉身成為理白小姐，踏上 IG 社群自媒體工作者、走上成立公司創業者之路，在人生舞台上，我踏

上了一場激動人心的重生蛻變旅程。特別感激采實文化的支持，啟發催生了這本書，也讓我重新審視這一段的成長過程。

　　我想告訴大家，人生無須畏懼，只怕從不開始。沒有人的一生都是一帆風順的，當期望和現實之間出現落差時，請給自己一個改變的機會，找到適合自己的方向，迎接的將會是一段豐盛的人生！

 翻轉學　翻轉學系列 113

理財先理心，24 歲滾出一桶金
跟著忙碌護理師理白小姐從零開始學投資，
從斜槓到創業的致富人生

作　　　　者　理白小姐（梁靖悦）
封　面　設　計　FE 工作室
內　文　排　版　黃雅芬
行　銷　企　劃　林思廷
出版二部總編輯　林俊安

出　　版　　者　采實文化事業股份有限公司
業　務　發　行　張世明・林踏欣・林坤蓉・王貞玉
國　際　版　權　劉靜茹
印　務　採　購　曾玉霞・莊玉鳳
會　計　行　政　李韶婉・許俶瑀・張婕莛
法　律　顧　問　第一國際法律事務所　余淑杏律師
電　子　信　箱　acme@acmebook.com.tw
采　實　官　網　www.acmebook.com.tw
采　實　臉　書　www.facebook.com/acmebook01

Ｉ　Ｓ　Ｂ　Ｎ　978-626-349-305-6
　　　　　　　　978-626-349-696-5（限量親簽版）
定　　　　價　380 元
初　版　一　刷　2024 年 6 月
劃　撥　帳　號　50148859
劃　撥　戶　名　采實文化事業股份有限公司
　　　　　　　　104 台北市中山區南京東路二段 95 號 9 樓
　　　　　　　　電話：(02)2511-9798　傳真：(02)2571-3298

國家圖書館出版品預行編目資料

理財先理心，24 歲滾出一桶金：跟著忙碌護理師理白小
姐從零開始學投資，從斜槓到創業的致富人生 / 理白小姐
（梁靖悦）著 .- 台北市：采實文化，2024.6

248 面；14.8×21 公分 . --（翻轉學系列；113）

ISBN 978-626-349-305-6（平裝）
　　　978-626-349-696-5（平裝限量親簽版）

1.CST: 理財　2.CST: 投資

563.23　　　　　　　　　　　　　　112007689
　　　　　　　　　　　　　　　　　113006625

 采實出版集團
ACME PUBLISHING GROUP